Ulrike Günther

Rühr die Katze nicht an!

Bilder und Szenen aus einer Kindheit der 50er Jahre

In Liebe für meine Mutter und ihre Mutter

*Die Namen der im Buch erscheinenden Personen sind geändert.
Einige Begebenheiten sind frei erfunden, aber nicht unwahr.*

*Wer hinter die Puppenbühne geht,
sieht die Drähte.*

Wilhelm Busch

*Sich selbst zu entdecken, ist nicht nur
die schwierigste Sache der Welt,
sondern auch die unbequemste.*

George B. Shaw

Ulrike Günther

Rühr die Katze nicht an!

Bilder und Szenen
aus einer Kindheit der 50er Jahre

Bibliographische Information der Deutschen Bibliothek:
Die Deutsche Bibliothek verzeichnet diese Publikation in der
Deutschen Nationalbibliographie; detaillierte bibliographische Daten
sind im Internet unter < http://dnb.d–db.de> abrufbar.

© 2015 Ulrike Günther

Herstellung und Verlag:BoD - Books on Demand, Norderstedt

Umschlaggestaltung, Satz und Layout:
Sepp Kuffer www.inspiration.bnv–bamberg.de

ISBN 9783738628685

Inhalt

Vorwort	9
Prolog: Vor der Empfängnis	11
Kuckuckskind oder Glückskind	15
Prinzessin Julia	21
Rückblick	26
Umzug in die Kleinstadt und ins neue Heim	31
Die 30er und 40er Jahre – und zurück in die 50er (1)	33
Ein Rundgang im Haus	35
Die 30er und 40er Jahre – und zurück in die 50er (2)	37
Noch ein Rundgang im Haus in den 50er Jahren	40
Julia begegnet Nora	42
Kindergarten	44
Nora erkrankt	47
Die Beerdigung	53
Tante Katrins Geschenk	58
Veränderungen	60
July lernt dazu und neue Freunde kennen	65
Veronika heiratet	72
Abschiede	79
Die Gallenkolik	83
Elsa, der Onkel und Tante Hilde	85
Mutter im Krankenhaus	89
Männerwelten	94
Der Schlendrian fasst Fuß	99
Mutter ist wieder da	102
Der verlorene Sohn	104

Das Hostienspiel	109
Klavierstunden	112
Eine neue Nachbarin und neuer Wind	117
Emmas andere Predigt	120
Mahlzeiten und Mehlspeisen	123
Badetag	126
Ein Schäferhund im Hof	129
Einschulung	132
Diäten und Tischgebete	135
Weitere Szenen und Schauspieler	138
Die Katze ist weg	143
Neuerungen	151
Zeit und Musik	154
Mode und Moseltröpfchen	157
Gehen und Kommen	159
Julys Ende der Geschichte	162
Epilog	163
Jahrzehnte später	164
Ende und eine Fortsetzung	169

Vorwort

Sind wir nicht alle auf der Suche?

Seit ich denken kann, suchte ich.
Eine unbekannte Sehnsucht oder Sinnsuche, eine Suche nach der Wahrheit, nach Liebe, nach innerer Freiheit, nach Perfektion, nach Gott trieb mich an. Ich wollte Ungeklärtes, das mein Leben belastete, aufdecken. Antwort auf meine Fragen bekommen. Glücklicher und zufriedener wollte ich werden.
So begann ich dieses Buch zu schreiben, anfangs mit viel innerem Groll.

Ich hinterfragte die *scheinbare* Geborgenheit und Sicherheit in meiner und anderen Familien, die im Widerspruch stand zu der Scheinheiligkeit, falschen Moral und draus entstehenden Heimlichkeiten, wie ich es erlebte und heute noch erlebe. Verschwiegenes und Lügen wirken auch unterschwellig.

Unsere Kommunikation hat sich verändert, aber zum besserem und ehrlicherem Verständnis miteinander?

Irgendwann beim Schreiben dieses Buches erkannte ich, dass es darum ging, das zu akzeptieren, was ich in meiner Kindheit erlebte oder zu erlebt haben glaubte und auch die Folgen daraus in meinem späteren Leben. Ich beschloss, nicht mehr zu kämpfen, sondern dem, was mich geprägt hatte, mit Gelassenheit zu begegnen und es anzunehmen.

Denn die Summe unserer Erlebnisse macht unsere Persönlichkeit aus und ist unser Potenzial.

Prolog: Vor der Empfängnis

Meine Mutter hatte meine Zeugung eher schlecht verkraftet und schon gar nicht herbeigesehnt. Seit zwei Jahren hatte sie den lieben Gott immer wieder angefleht, er möge die nächtlichen Annäherungen ihres Mannes im gemeinsamen Ehebett verhindern.
Doch weder die Gebete zu ihrem Herrgott noch die langen Nachthemden aus dickem Baumwollstoff hatten letztendlich geholfen.
Nach einem längeren Wirtshausbesuch ihres Mannes kam es zum sexuellen Vollzug. Sie hatte freudlos und schweigend hingehalten.
Nicht zuletzt, um für die nächste Zeit ihre Ruhe zu haben.

Sie sei einfach zu alt, um noch ein fünftes Kind zu bekommen, und würde lieber eine *Josephsehe* führen, vertraute sie Pfarrer Erlwein bei einer Beichte an. Nun habe sie aber ihre Pflicht als Ehefrau tun müssen. Um Jesus das Leid zu erleichtern und auch für das Lamm Gottes und Hinwegnahme aller ihrer Sünden, habe sie es mit Geduld und im stillen Gebet ertragen.
Der Pfarrer fragte weiter, und meine Mutter geriet ins Schwitzen.
Spaß? Du meine Güte! Nein!
Den hätte sie niemals gehabt in der Ehe.
Nur eine Plage sei es gewesen, entgegnete sie hastig auf die sehr eindringlichen Nachfragen des betagten Geistlichen, ob sie denn sorgfältig Gewissenserforschung betrieben habe.
Dann versagte ihre Stimme beinahe und sie räusperte sich einige Male.
Sie wäre lieber Nonne geworden als Ehefrau, aber Gott hätte es anders bestimmt, fügte sie seufzend hinzu.
Plagen habe Jesus auch gehabt. Und Plagen könne man wegbeten, sagte Pfarrer Erlwein. Er schaute Frau Gruber eindring-

lich durch die Gitterstäbe des Beichtstuhls an und erlegte ihr dann den *Schmerzhaften Rosenkranz* als tägliche Buße für den Rest der Woche auf. Sein Gesicht wandte sich dann von der Trennwand ab und er vollzog das weitere Ritual: „So spreche ich dich los von deinen Sünden: Im Namen das Vaters, des Sohnes und des Heiligen Geistes."
Nach der Absolution fügte er mahnend hinzu, dass ehelicher Verkehr nur zu einer Kindeszeugung gottgefällig sei. Eines der Hauptlaster sei das Laster der *Wollust* und somit die Wurzel weiterer Sünden. Enthaltsamkeit und Reue sei der Weg zum Paradies. Sie möge daran denken, wie standhaft Jesus blieb, als ihn der Teufel in der Wüste verführen wollte. Sie solle Buße tun, dann sei ihr der Segen Gottes gewiss, gab er ihr noch auf dem Weg aus dem Beichtstuhl mit.

In einer der nächsten Nächte wiederholte sich der eheliche Vollzug, als ihr Mann angetrunken nach dem Stammtischbesuch ins Schlafzimmer kam.
Meine zukünftige Mutter hatte nicht damit gerechnet und weinte still in ihr Kissen, nachdem ihr Mann sich endlich, nach einem letzten heftigen Aufstöhnen, auf die Seite gedreht hatte.
War ihre Reue nicht groß genug und die Buße nicht gewissenhaft genug gewesen?
Von wirren Gedanken und quälenden Schuldgefühlen übermannt, fiel meine zukünftige Mutter schließlich in einen unruhigen Schlaf, betäubt von der dumpfen Luft aus einer Mischung von Sperma und Bier sowie den pfeifenden Schnarchtönen meines zukünftigen Vaters.
Drei Tage danach war ihr immer noch übel und neue Ängste plagten sie. Krämpfe zwickten in der Blase und ein ungewohntes Brennen war im Unterleib zu fühlen.
Hatte ihr Jesus eine Warnung geschickt?
Oder meldeten sich schon diese *Wechseljahre*, worüber die älteren Nachbarinnen immer heimlich sprachen?
Sie war ratlos und voller Sorge.
Nach fünf Wochen kam die Übelkeit erneut.

Dann blieb nach der zweiten die dritte, vierte, fünfte Monatsblutung aus.
Schließlich ging sie in die Sprechstunde des ortsansässigen praktischen Arztes.
Dr. Vogel bestätigte ihren Verdacht nach einer eingehenden Untersuchung.
Nein, für die Wechseljahre sei es noch zu früh.
Die Übelkeit komme nicht vom Käsekuchen oder vom selbst gemachten Vanilleeis. Sie sei *guter Hoffnung*. Alles sei bestens! Keine Sorge brauche sie sich zu machen. Aber sie solle demnächst zu einer Kontrolle wiederkommen.
Auf dem Weg nach Hause schwirrten meiner Mutter die Gedanken wie wilde Hummeln durch den Kopf. „Oh Gott! Schwanger!", dachte sie. „Was für eine Schande, in meinem Alter noch ein fünftes Kind! Schwanger! Was werden die Leute sagen – und erst der Herr Pfarrer!"

Die Monate vergingen. Die *anderen Umstände* konnten immer weniger verborgen werden.
Sie habe ihrem Mann nochmals dienen und ihre Pflicht als Ehefrau erfüllen müssen. Und so sei neues Leben entsprungen, sagte sie mit Tränen in den Augen zu Pfarrer Erlwein, als sie wieder zur Absolution im Beichtstuhl saß, und es endlich – im siebten Monat – wagte, dem Priester ihre Schwangerschaft zu gestehen.
Leider würde es kein Christkind werden, seufzte sie. Drei, vier oder vielleicht auch fünf Wochen nach Weihnachten müsse sie mit der Geburt rechnen, habe ihr der Arzt mitgeteilt.

Ego te absolvo a peccatis tuis

Pfarrer Erlwein murmelte eilig sein Abschlussgebet.
Es warteten weitere Sünder auf die Beichte, und dann müsse er noch die Heilige Messe halten, fügte er hinzu und entließ sie mit den Worten: „Gehe hin in Frieden, liebe Schwester! *Ora et labora!*"

Als die Messe vorüber und die Kirche schon leer war, kniete meine Mutter noch immer stumm und in sich versunken auf dem harten Brett in der Kirchenbank, während der Rest des süßlichen Duftes vom Weihrauch noch narkotisierend im Raum der Kirchenhalle wogte und sich dann allmählich verlor.

Auf der Empore, weit oben und weit weg von meiner Mutter, die sich gerade in anderen und, mag sein, auch überirdischen Sphären befand und das Orgelspiel kaum noch wahrnahm, übte der Organist eifrig einige der Adventslieder, und zum Abschluss seines Spiels brausten die Klänge der Orgel die Melodie:

Es ist ein Ros entsprungen.

Kuckuckskind oder Glückskind

Predigten waren so ziemlich das, was Julia am meisten hasste.

Nicht nur die endlos langen sonntäglichen Predigten des Pfarrers in der Kirche, sondern auch die ewigen Predigten ihrer Mutter über Folgsamkeit und Gehorsam, die im Grunde nur Verbote waren.
Ebenso hasste Julia die in der Familie oft gebrauchte Redewendung *Zucht und Ordnung*. Bereits mit vier Jahren wusste sie genau zu unterscheiden, wann die elterlichen und familiären Anordnungen der Bequemlichkeit der Erwachsenen dienten und damit gegen ihre persönlichen Interessen gerichtet waren. Nur half ihr diese Erkenntnis nicht. Ihrer Familie war die natürliche Wissbegierde und der sprühende Einfallsreichtum ihrer Jüngsten zumeist lästig.
„Man weiß nie, was ihr als Nächstes einfällt," sagte Vater Gruber ein wenig stolz, wohl wissend, dass Julia eine Ausnahmeerscheinung in der Familie war.
„Die July ist eine echte Nervensäge mit ihren komischen Ideen", behaupteten ihre 18–jährigen hochaufgeschossenen Zwillingsbrüder Theo und Thomas, die den Vater an Körpergröße schon überragten und sich seine ironische Art zu eigen gemacht hatten, wenn ihnen auch die Zutat des väterlichen Charmes fehlte.
Mutter Gruber erklärte resolut: „Ein Nesthäkchen in der Familie wird schnell zu sehr verwöhnt. Unsere Julia muss auch lernen, dass es Grenzen gibt. Sie braucht eine konsequente Erziehung."
Die älteste Tochter Veronika, mit ihren 21 Jahren gerade volljährig geworden, war eine enge Vertraute der Mutter, von der sie auch die frauliche Figur, die braunen Augen und das hellbraune lockige Haar geerbt hatte. Sie nickte bestätigend bei diesen Worten: „Ja Mama, das meine ich auch. Der Papa lässt diesem Wirbelwind einfach zu viel durchgehen."

Der Onkel, ein entfernter Vetter des Vaters, lebte als weiteres Mitglied im Haushalt der Familie Gruber. Sein rechtes Bein war kürzer als das linke, so dass er beim Gehen humpelte. Ursache war wohl eine Verletzung aus dem ersten Weltkrieg. Niemand fragte genauer nach.
Nachdem er eine Prise Schnupftabak genommen hatte, zog er ein großes kariertes Stofftaschentuch aus seiner Hosentasche, nieste einige Male kräftig hinein, faltete es zusammen und sagte achselzuckend: „Ja! In manchen Familien tauchen, weiß Gott, eigenartige Kuckuckseier auf!"
Das brachte ihm allerdings einen mahnenden Blick von Julys Mutter ein und den Kommentar, dass er solche bösen Bemerkungen lassen solle und es bitter nötig habe, wieder einmal zur Beichte zu gehen und sein Gewissen zu erforschen.

July war ein Nachkömmling gewesen, mit dem in der Familie niemand mehr gerechnet hatte. Ihre Mutter war nicht nur wegen der Predigten des Stadtpfarrers über unkeusches Tun und Schamlosigkeit jeglichen sexuellen Berührungen ihres Mannes ausgewichen.
Es gab noch einen anderen Grund. Ihr viertes Kind war – kurz vor Ende des zweiten Weltkrieges – im Alter von acht Monaten im Schlaf erstickt.
Sie hatte bittere Tränen geweint und monatelang kaum gesprochen. In den schlaflosen Nächten hatte sie immer wieder den Rosenkranz als Trost zu Hilfe genommen, an den großen Perlen nach dem *Vaterunser* inbrünstig ein *Stoßgebet* zu Jesus und der Muttergottes geschickt, und schließlich – als ihre tiefe Betrübnis doch blieb – eine fast unüberwindliche Mauer von Traurigkeit um sich gebaut. Ihr Mann dagegen – hatte den Trost in regelmäßigen Stammtischbesuchen und beim Schafkopfspiel gefunden.

Niemand aus der Familie Gruber wagte offen über diesen Unglücksfall zu sprechen.
Die Zeit würde die Wunden schon heilen, hofften alle.

Doch das Schweigen lag wie eine schwere Last auf der Familie und durchzog wie ein unsichtbarer dunkler Nebelschleier das ganze Haus.

Auch über die neuerliche Schwangerschaft wurde nicht gesprochen.
Monatelang hatte Julys Mutter versucht, vor den Augen der Nachbarn und der eigenen Familie hinter weiten und gemusterten Kittelschürzen zu verbergen, dass ihre Leibesfülle und damit die *Schande*, in ihrem Alter noch ein Kind zu bekommen, mehr und mehr anwuchs, bis sie das Schweigen endlich brach.
Im 8. Monat ihrer Schwangerschaft, hatte sie sich zu diesen *anderen Umständen* bekannt, im ahnungsvollen Wissen, dass auch die Nachbarn und Kunden schon längst mit dieser Tatsache vertraut waren.

Und so kam July, geboren in der dritten Woche des neuen Jahres, getauft auf den Namen Julia Maria Clara zur Welt.

„So was Kleines habt ihr noch in eurer Familie!"
„Da hat wohl der Klapperstorch kräftig mitgeholfen."
„Damit haben Sie bestimmt nicht mehr gerechnet!"
Bei Kommentaren dieser Art schwieg Julys Mutter, aber es überkam sie ein unbehagliches Gefühl, das sie nicht recht zu deuten wusste und sie errötete.
„Zwar ist Julia aus Versehen gekommen, aber jetzt, wo sie da ist, mögen wir sie alle und die Hauptsache ist, Julia ist gesund!", sagte sie dann, als wolle sie sich gleichsam entschuldigen, dass sie das Kind nicht wie die Jungfrau Maria ohne körperliche Berührung empfangen hatte.
Julys Vater hingegen hatte nach ihrer Geburt offen gezeigt, wie beglückt er über den späten Nachwuchs war. Er sang den ganzen Weg zum Wirtshaus so laut, dass sämtliche Fenster der Nachbarhäuser aufgerissen wurden.
Man sah ihm erst kopfschüttelnd nach, dann freuten sich die Nachbarn mit. Die Stammtischbrüder hielt er mit etlichen

Runden Himbeergeist nebst Lagerbieren frei, was am nächsten Morgen für einige schwere Köpfe sorgte.

Julia , meist July genannt, kam wie ein munteres Kanarienvögelchen in die dumpfe Atmosphäre des Familiensitzes. Schon als Baby flogen ihr die Herzen zu. Sie lächelte und strahlte die Menschen an.
Die Stimmung im Haus Gruber veränderte sich merklich.

„Eure Julia ist so eine Hübsche. So eine Süße! Das Lächeln und die wunderschönen blauen Augen! Von wem hat sie die denn? Bestimmt vom Vater oder Großvater!", sagten die Nachbarn und Verwandten.
„Vom Erzengel Michael natürlich!", scherzte der Vater. „Und ich war selbst dabei!"
Die Mutter, die ihre rundlichen weiblichen Formen weiterhin sorgsam unter großen dunkelblauen Kittelschürzen verbarg, hörte solche Reden nicht gerne und runzelte die Stirne: „Das tut nicht gut, wenn das Kind zu eitel wird."
Sehr bedacht auf Julys Seelenheil nahm sie ihre Jüngste regelmäßig mit zur Kirche.

July war tief beeindruckt vom Orgelspiel und sang in der Kirche bei Gesängen zur Messe und Andacht lauthals und begeistert mit, ohne sich von den mahnenden Blicken der anderen Gläubigen stören zu lassen. Von den Marienliedern merkte sie sich schnell die erste Zeile. So kam es, dass July zum Stolze der Mutter bereits als Vierjährige den Kunden auf ihr *Grüß Gott* mit *Ave Maria, gratia plena* antwortete.
„Segne mich Maria, segne mich dein Kind", sang sie nach der Andacht auf dem Kirchplatz und dann auf dem Nachhauseweg, als könne sie nicht genug davon kriegen. Auf dem Platz vor dem Hauseingang drehte sie sich ausgelassen im Kreis, wobei sich die blonden Zöpfe im wilden Tanze lösten und mit herumwirbelten, gleichsam als sprühten Lichtfunken um sie herum, die mit ihr spielen wollten.

Manchmal musste ihr die Mutter Einhalt gebieten. „Julia, es ist gut! Und hör jetzt auf!"
„Was ist das nur für ein ungewöhnliches Kind!", sagte mancher Kunde und Nachbar und fügte in Anwesenheit von Julys Vaters hinzu: „Ein Temperament hat sie, wie ein Feuerwerk. Hat sie das von Ihnen?"
„In der Nacht gibt sie Ruhe, da schläft sie!", sagte dann Julys Vater grinsend.

Meistens brachte Veronika ihre kleine Schwester zu Bett, bevor die Mutter dann zu July ins Elternschlafzimmer kam, um mit ihr das Nachtgebet zu beten. In den letzten Wochen hatte Veronika allerdings wenig Zeit. „Wir machen heute Katzenwäsche", sagte sie kurz und als July erstaunt fragte, was das sei, bekam sie zur Antwort: „Na! Halt das Nötigste!"
July gefiel es, nur das Nötigste zu machen. Das Zähneputzen hatte ihr nie gefallen. Die weiße Zahnpasta mit den langen roten Streifen, die aus der großen Tube auf die Zahnbürste gedrückt wurde, sah lustig aus, schmeckte aber komisch.
Während Veronika der kleinen Schwester half, das Nachthemd überzuziehen, warf sie einen kurzen Blick in den Spiegel der Frisierkommode, die im Elternschlafzimmer stand und richtete dabei ihre Haare. Sobald July im Bett lag, lief sie eilig die Treppe hinunter.
Ungeduldig wartete July auf die Mutter und das Nachtgebet. Es hatte vier Strophen, doch sie beteten meistens nur die ersten zwei und einen Teil der dritten.
Die erste Strophe betete July allein.

Müde bin ich geh zur Ruh,

schließ ich meine Äuglein zu.

Vater lass die Augen dein,

über meinem Bette sein.

Dann beteten Mutter und Tochter gemeinsam weiter.

Hab ich Unrecht heut getan,

sieh es lieber Gott, nicht an.

Deine Gnad und Jesu Blut,

machen allen Schaden gut.

Alle Menschen groß und klein,

sollen dir befohlen sein.

Nach dem Abendgebet strich Mutter Gruber dem Kind über die Wangen und sagte: „Die Gottesmutter ist überall und immer bei dir, auch in der Nacht!"

Manchmal kam es July sehr lange vor, bis sie die Schritte der Mutter auf der Treppe näher kommen hörte.

Wenn dann die Tür aufging, und sie in Mutters abgespanntes Gesicht sah, lächelte sie ihr zu und streckte ihr die kleinen Arme entgegen. Bald hatten sich die Spuren des Kummers im Gesicht der Mutter geglättet.

Prinzessin Julia

An ihrem 5. Geburtstag bekam July ein großes Märchenbuch mit vielen bunten Bildern geschenkt.

Da waren Hexen, Zwerge, Elfen, Prinzen und Prinzessinnen, böse Stiefmütter und dann noch Kobolde darin. Beim Vorlesen lernte sie jetzt Dornröschen, Aschenputtel und Schneewittchen kennen.
Kirchliche Marienlieder sang sie nur noch selten.

Eines Nachts träumte July von einem großen Schloss.
Sie lag in einem goldenen Himmelbett mit langen weißen Vorhängen, dann lief sie in den großen Schlosspark. Überall blühten rosa, weiße und blaue Blumen. Kleine pummelige Zwerge mit roten Mützen hopsten zwischen den Blumen umher, winzige niedliche Elfen tanzten und ein großer Mann in einer weißen Jacke mit goldenen Knöpfen brachte ihr, Julia, eine große Portion Vanilleeis auf einem silbernen Tablett.
„Ich muss eine Prinzessin sein", dachte July nach dem Aufwachen glücklich und räkelte sich in ihrem Bett.
Klappernde Geräusche drangen vom Erdgeschoss aus der Küche zu ihr herauf. Sie sprang flink aus dem Bett und lief barfuß und im Nachthemd die Treppe hinunter.
In der großen Wohnküche mit dem grünen Kachelofen, einem riesigen Herd und einem langen, ausziehbaren Eichentisch in der Mitte fanden sich zu den Mahlzeiten meist alle Mitglieder der Familie Gruber ein.

Wie jeden Morgen saßen die Brüder, der Onkel und der Vater schon am Tisch. Mutter und Veronika hatten das Frühstück vorbereitet, waren aber noch nicht von der Frühmesse zurück. Das heiße Wasser stand auf dem Herd und die Männer hatten sich schon einen *Caro–Kaffee* in den Tassen mit dem Pulver

überbrüht. Manchmal gab es auch *Nescafé*. July bekam ihre heiße Milch erst, wenn die Frauen zurück waren.
„Na, das Nesthäkchen ist aber heute bald aus seinem Nest gekommen!", wunderte sich der Onkel und verzog seinen Mund zu einem schiefen Grinsen.
July hob stolz ihren Kopf hoch, spitzte ihren Mund und sagte: „Ich bin eigentlich eine Prinzessin und wohne in einem großen Schloss."
Die beiden Brüder starrten sie entgeistert an und und verschluckten sich fast beim Kauen. Gegenseitig stießen sie sich in die Seite, während der Vater sie schmunzelnd fragte, woher sie denn das wisse.
„Ich weiß es eben. Schon von Geburt an. Das ist doch klar wie Kloßbrühe."
Tosendes Gelächter war als Antwort zu hören.
„Die kommt aus einer Kloßbrühe", rief Theo. „Oder von den Zwergen hinter den Bergen", lachte Thomas. „Und der Prinz ist der Jesus von Jerusalem", fügte der Onkel hinzu und schnupfte heftig seinen Tabak die Nase hoch.
„Ich stecke euch alle ins Gefängnis. Das darf eine Prinzessin!", rief July wütend und stampfte heftig mit dem Fuß auf.
Ihre Brüder und der Onkel hielten sich den Bauch vor Lachen und sogar der Vater, der sie oft vor den Späßen des Onkels und denen seiner Söhne in Schutz nahm, stimmte mit ein.
July machte einen Schmollmund und schwieg.
Die Tür ging auf, Mutter und Veronika kamen mit verwunderten Gesichtern in die Küche.
„Wir haben eine Durchlaucht bei uns am Tisch. Eine richtige Prinzessin! Unsere Schnutenkönigin Julia", feixten Julys Brüder. Der Onkel stand von seinem Stuhl auf und verbeugte sich mit einem Kratzfuß, so gut sein kürzeres Bein das mitmachte.

So kam es, dass July jetzt jeden Abend zusätzlich zum Nachtgebet sagen musste: „Ich bin klein, mein Herz ist rein."
Am Status einer Prinzessin hielt sie in ihrer Fantasie weiterhin fest.

Nach dem Frühstück, als alle schon beschäftigt waren, schlich sie sich heimlich ins Elternschlafzimmer und öffnete die Tür des Kleiderschrankes, wo die Nachtwäsche der Mutter fein säuberlich aufgeschichtet war. Sie schob den Hocker, der vor der Frisierkommode stand, vor den Schrank und stieg darauf, um die Nachthemden der Mutter zu begutachten. Ein langes rosafarbenes Nachthemd mit weißen gestickten Röschen um den Halsausschnitt lag sorgsam gefaltet ganz oben auf dem Stapel. Sie nahm es vorsichtig heraus und hüpfte vom Hocker herunter. Dann zog sie es vor dem Spiegel an. Die Schleppe, die es durch seine Länge bildete, raffte sie seitwärts und trug sie über dem Arm. Auf dem Haar befestigte sie Mutters Haarnetz mit den Metallzwickern, die diese zum Wellenlegen benutzte und steckte sich einige der Strohblumen aus der Vase, die vor der Statue der Gottesmutter Maria auf einem kleinen Tischchen stand, ins Haarnetz. Dann stellte sie sich vor den großen Spiegel und begrüßte ihre Untertanen, so wie sie es aus dem Märchenbuch, aus dem ihr Mutter und Veronika manchmal vorlasen, kannte.

Am nächsten Morgen wurde Julys Mutter auf die Unordnung in ihrem Kleiderschrank und vertrockneten Blütenblättern am Boden aufmerksam und sprach ihre Tochter Veronika darauf an.
Als July nach dem Frühstück wieder ins Schlafzimmer der Eltern verschwand, folgten ihr die Mutter und Veronika und entdeckten Julys Prinzessinnenspiel.
„Das war ein Geschenk für mich von deiner Tante Kathrin", rief Mutter empört. „Was fällt dir bloß ein!"
„Und an den Schrank gehst du nicht mehr, hörst du, July! Sonst bekommst du eine saftige Ohrfeige!", zeterte Veronika.

Mutter und Veronika saßen in der Küche bei einer Tasse Nescafé.
„Sie braucht mehr Ordnung. In unserem Geschäftshaushalt fehlt ihr halt die nötige Aufsicht. Da kommt sie nur auf komi-

sche Ideen", meinte Julys Mutter sorgenvoll. „Was mache ich nur mit dem Kind!"
„Wie wäre es, wenn wir sie wieder in den Kindergarten schickten, wenigstens vormittags?", schlug Veronika nicht ganz ohne Hintergedanken vor, denn sie hatte ihre eigenen Pläne, bei denen die kleine neugierige July nur im Weg war.
„Sie kennt ihn doch schon, auch wenn sie ihn nur zwei Wochen besucht hat, bevor dann dieser Wasserrohrbruch war."
Die Mutter runzelte die Stirn: „Na, so gerne ist sie in die *Kinderbewahranstalt* nicht gegangen. Ist die nicht seit einem halben Jahr geschlossen?"
„Nein Mama, sie ist wieder geöffnet und ist renoviert. Und sie heißt nicht mehr *Anstalt*, sondern *Kindergarten* und ist nach einer Heiligen benannt. Das weiß ich von Frau Kraus", antwortete Veronika.
„Na, was die sagt!" Die Mutter runzelte die Stirne: „Die sehe ich nie in der Kirche."
„Aber die weiß doch immer das Neueste", entgegnete Veronika aufgeregt.
Als Julys Mutter noch zögerte, fügte sie hinzu: „Ich kann July am Morgen hinbringen und am Mittag abholen. Außerdem lernt sie schon mal, sich ruhiger zu verhalten, bevor sie nächstes Jahr in die Schule kommt."

Als July die Neuigkeit erfuhr, brach sie in Tränen aus. „Ich mag da nicht mehr hin in die doofe Kinderanstalt!"
Nicht ganz unschuldig an Julys Auflehnung waren die übertriebenen Schilderungen ihrer beiden älteren Zwillingsbrüder, die Kindergarten und Schule als widerwärtige *Zucht– oder Zwangsanstalten* bezeichneten, und die Berufsschule gerade mit Ach und Krach hinter sich gebracht hatten.
„Jetzt musst du, ach nein – darfst du, den ganzen Tag still sitzen und dein vorwitziges Plappermäulchen halten!", grinste Theo.
„Und was glaubst du, was dann erst in der Schule los ist! Da hat der Lehrer immer einen Rohrstock hinter seinem Rücken! 100 Schläge auf die Hand sind das mindeste. Ich bekam sogar

einmal 200 Schläge!", ergänzte Thomas mit todernstem Gesicht.

„Nein, ich will nicht. Nein! Ich bin eine Prinzessin!", schrie July verzweifelt und wollte sich gar nicht mehr beruhigen.

Was zur Folge hatte, dass sie diesmal tatsächlich eine Ohrfeige von Veronika bekam.

Am nächsten Tag weigerte sich July beharrlich, sich anziehen zu lassen. Weder Veronikas Androhung von einer weiteren Ohrfeige, noch der Klaps auf den nackten Po, den ihr Mutter in ihrer Ratlosigkeit verpasste, half. July schrie wie am Spieß und schlug wild um sich.

Die endgültige Entscheidung wurde erst einmal verschoben.
Denn die Arbeit wartete und hatte Vorrang.
Es gab viel zu tun im Haus, in der Werkstatt, im Geschäft und in dem großen Garten, egal zu welcher Jahreszeit.

Rückblick

Julys Eltern begegnen sich

Als Julys Mutter ihren zukünftigen Mann Johann Wilhelm Gruber kennenlernte, arbeitete er schon einige Jahre als Hausmeister, Mechaniker und Chauffeur bei jener wohlhabenden Familie in einem Landhausschlösschen in Unterfranken, bei der sie als junge Frau eine Stellung bekam. Anna Maria Becker war nach ihrer Schulausbildung auf einer renommierten Klosterschule mit einem besonders guten Zeugnis entlassen und in dem vornehmen Haushalt als Erzieherin angestellt worden, um die Kinder des Hauses zu betreuen und sie auch im Klavierspiel zu unterrichten.

Johann Wilhelm Gruber hörte die für ihn engelsgleiche und zugleich auch fremde Musik, die aus den Fenstern zum Hof erklang. Sie rührte ihn fast zu Tränen.
Er sah die strammen Waden von Anna Maria Becker unter ihrem adretten dunklen Kleid. Und ihm gefiel ihr dichtes braunes Haar, das sich in ihrem Nacken auf dem Rand des weißen Spitzenkragens ihres Kleides zu kleinen Löckchen ringelte.
Er brauchte nur drei Tage Zeit, bis er sich ihr erklärte.

Anna Maria brauchte mehrere Wochen zur Antwort.
Sie tat sehr schüchtern und wendete ihre Augen zum Himmel hinauf, wenn dieser charmante Mann sie unerwartet abfing und ansprach.
Er gefiel ihr, auch wenn sie es erst nicht zeigen wollte. Auch wenn er sehr forsch und direkt war. Oder vielleicht gerade deshalb.
Schließlich sagte sie: Ja!

„Ich will keinen fremden Herren mehr dienen", hatte Johann Wilhelm Gruber sehr ernst zu seiner Anna Maria gesagt, die hoffnungsvoll und bang zugleich zu ihm aufschaute.
„Liebste, du bist bald meine liebe Frau. Ich möchte ein Haus für uns kaufen und eine Werkstatt mit einem Geschäft eröffnen. Doch die Zeiten sind schwer. Wir müssen arbeiten und gut wirtschaften. Willst du mir dabei helfen?"
„Ja, das will ich!", flüsterte sie und seufzte leise.
Aber ein Klavier, das käme ins Haus, versprach er und zog sie an sich. Er bekam einen innigen Kuss.

Nach der Heirat war kein Schloss mehr da.
Auch kein Schlösschen.
Aber ein Neuanfang und viele Momente des Entzückens.

Als Herr Gruber sein DNU Motorrad endlich in Gang bekam, fuhren sie durch die fränkischen Weinberge.
Seine angetraute Frau saß im Beisitzwagen des Motorrades.
Ihre Haare flatterten im warmen Wind.
„Ich wollte, das ginge immer so weiter", rief Anna Maria und lachte froh.
Sie reckte ihre Arme hoch.
„Wir beide ... !"
All die Schwierigkeiten, die sich für beide mit Anna Marias Eltern vor der Heirat wegen auszuzahlender Mitgift, falscher Wahl des Mannes und dem Suchen, Finden und Kauf eines geeigneten Hauses aufgetürmt hatten, waren in diesem Moment vergessen.
Doch einige Monate vorher war das Brautpaar nicht so hoffnungsfroh gewesen.

Vor der Heirat: Brief von Julias Vater

Würzburg, 6. Januar 1931

Mein liebes Bräutchen!

Für Deinen lieben Brief vielen Dank. Dein Brief hat schwere Tage hinter sich, dies konnte ich daraus entnehmen, aber weiter weiß ich nicht was ich denken soll.

Ich kann ihn auch nur nach seiner Art beantworten. So sprachlos war ich noch nicht auf einem Platz gestanden so gespannt ich war.

Geliebte!– Du hast schon immer wenig Hoffnung auf Münnerstadt gesetzt und nun muß auch ich Dir beistimmen, was mir wichtig war hast Du keine Erwähnung gebraucht, denn es hängt ja nur letztlich von der Anzahlung ab. Und wenn sich da Deine Eltern zurückstellen, müssen wir diesen Plan aufgeben, ich allein kann es nicht. Oder soll ich mich mit Ihr persönlich auseinander setzen ? –

Mich berührt das bitter, was Deine Mutter dir vorwarf, wundere ich mich zuletzt nicht wenn Du schon halb verrückt bist nach bangen Sorgen. Ich nehme an, daß Sie einen Hetzer Brief bekommen hat und vermut es von ganz bestimmter Seite. Nach solcher Weise hab ich keine Recht mehr bei Deiner Mutter mich vorstellig zu machen noch verbietet es mein Stolz.

Meine Fassung ist dem Weinen nahe. Liebling! – Solches Mißtrauen hast Du für mich nun gefunden, daß Du Dir sagen mußt, es wird Dir Angst. Das Vertrauen zu mir ist in Dir ganz erschüttert. Du glaubst nun den bösen Menschen mehr als mir, der Dich aus wahrem Herzen liebt und sein Alles für Dich zu opfern bereit ist. Ich kann Dir nicht mehr versprechen, was ich schon getan. Keine jungen Anfänger werden sich gleich auf Lorbeeren setzen können und der Reichste selbst ist nicht von Sorgen befreit. Mein Liebling! – Und daß Dir Deine Mutter sowas nachwirft von wegen dem K. ist eine große Ungerechtigkeit.

Dann bin ich in einem Alter, wo manche das Tor schließen dürfen. Nach Deinem Brief hab ich keine Aussicht, das Geschäft kaufen zu können. Ich muß mich halt dann nach was anderem umsehen, wenn wir uns nicht auf Deinen Eltern verlassen können, dann verlassen wir uns auf uns selbst. Es kommt nur auf Dich an, ob ich Dir nicht zu arm bin, denn Du kannst mehr beanspruchen auf Deine Person, in Dir liegt die Zukunft. In mir soll dann der eine Grundsatz bleiben, mein Herz zu vergraben auf immer! Ich bin dann reif, von all den süßen schönen, von all der Liebesglut.

Ich hoffe, dass unser Glück nicht zerstört wird oder denkst Du anders? So gern hätte ich eine mündliche Aussprache mit Dir, aber wann und wo? Wie denkst Du nun dazu meine Liebste?

Noch muß ich erwähnen, daß ich Dir doch gleich am Montag geschrieben hab und du hast ihn noch eher erwartet, am Freitag oder Samstag hast du doch auch einen erhalten, davon hast Du gar nichts erwähnt. Hast du ihn nicht bekommen?

Also mein Liebling, nehme es mir nicht für übel und verzeihe mir, wenn du eine andere Nachricht erwartet hast, diesem Brief konnte ich nicht ausweichen.

Es schreibt mit herzinniger Liebe verbunden mit herzlichen Grüßen und Küssen

Dein Bräutigam

JWG

Umzug in die Kleinstadt und ins neue Heim

Erinnerungen von Julys Mutter

Es war eine kleine fränkische Stadt, in der Johann Wilhelm Gruber mit seiner Frau Anna Maria, das Haus für die zukünftige Familie gefunden und gekauft hatte.
Eine zum Teil noch gut erhaltene Stadtmauer mit fünf großen alten Türmen umgab den inneren Kern der mittelalterlichen Kleinstadt, an die sich die Vorstadthäuser in den weiteren Straßen und kleinen Gassen reihten.
Der Marktplatz mit einem Neptunbrunnen als Mittelpunkt des Ortes war umrahmt von Fachwerkhäusern und zweigeschossigen Bürgerhäusern.
Etwas oberhalb des Marktplatzes gliederte sich der Kirchplatz mit einigen schönen alten Lindenbäumen und der imposanten katholischen Stadtpfarrkirche an, seitlich überragt von einem mächtigen Turm mit einer barocken Kuppel.
Über dem Haupteingang der Kirche empfing die in einer Nische installierte Statue des katholischen Namenspatrons und Schutzpatrons der Stadt – St. Laurentius – die Kirchenbesucher gleichzeitig mit dem Zusammenläuten aller Glocken vor Beginn der Gottesdienste und entließ sie am Ende mit dem Ausläuten aller Glocken nach dem Halleluja des Orgelspiels.
Auf dem Kirchplatz kamen die täglichen Kirchgänger – meist waren es ältere Frauen – am Morgen zur Frühmesse und am Abend nach dem Rosenkranzgebet zusammen.
Die Familien des Ortes beggegneten sich in feiner sonntäglicher, manchmal auch nach Mottenkugeln riechender, selten getragener Kleidung, an den Sonn – und Feiertagen zu und nach der Messe und zur nachmittäglichen Andacht.
Außerhalb der Pfarrei und der Gottesdienste trafen sich die Einwohner bei ihren Einkäufen in den Läden rund um den Marktplatz, beim Bäcker, Metzger, in der Apotheke, in einem

Haushaltswarengeschäft für Stoffe, Tuchwaren, Wollwaren und anderen Textilien oder beim Friseur.

Der sonntägliche *Frühschoppen* nach der Messe und vor dem Mittagessen, der *Nachmittagsschoppen* nach einem Fußballspiel und mancher *Abendschoppen* unter der Woche blieb den Männern beim Stammtisch in den drei Wirtshäusern auf dem Marktplatz vorbehalten. Da wurde gekartet, geschimpft, gewitzelt und über *Gott und die Welt* getratscht, vorzugsweise über Politik, Fußball, Frauen oder örtliche Ereignisse.

Die 30er und 40er Jahre - und zurück in die 50er (1)

Erinnerungen von Julys Mutter und von Julys Schwester

Das Anwesen der Familie Gruber lag in einer der Nebenstraßen, außerhalb der alten Stadtmauer und unterhalb des Kirch- und Marktplatzes.
Das mehrstöckige, geräumige Backsteinhaus war um die Jahrhundertwende gebaut worden. Der Eigentümer und Erbauer war als Soldat während des Ersten Weltkriegs gefallen. Seine nicht unvermögende Witwe wollte es dann, nach einigen Jahren, veräußern und die Dienstboten und Knechte entlassen. Von landwirtschaftlicher Arbeit hatte sie zu wenig Ahnung und die Pferdezucht, ein *Steckenpferd* ihres verstorbenen Mannes, wollte sie aufgeben.
Nach dem überraschenden Wahlsieg der nationalsozialistischen Partei 1930 und ihrem Einzug in den Reichstag hatte sich die Eigentümerin wegen ihrer jüdischen Herkunft entschlossen, mit ihrem einzigen, fast erwachsenen Sohn Deutschland schnellstens zu verlassen. So kam es zu einem äußerst günstigen Preis und zu einem Glücksfall für das junge Ehepaar.
Johann Wilhelm Gruber hatte etwas Geld von einer Großtante geerbt, die seinen früh verstorbenen Eltern nah gestanden war, aber ohne die Mitgift seiner Frau Anna Maria, wäre ein Kauf des Anwesens unmöglich gewesen.
Die Nachbarn, die *echten Einheimischen*, die schon seit der Geburt oder Kindheit in dieser Straße wohnten, beäugten die neuen Besitzer des *Judenhauses*, wie es heimlich genannt wurde, erst einmal zurückhaltend.
„Wieder *Koschere*? Oder etwa ganz Eingebildete?"

Als die Umbauten und die neue Werkstatt fast fertig und auf Einladung der Grubers besichtigt worden waren und dann bei den Grubers zu einem Schlachtfest mit einem Fass Bier eingeladen wurde, nahm man sie – ohne viel Worte zu machen – bereitwillig in die nachbarschaftliche Gemeinschaft auf.
„Nette Leute – auch wenn sie nicht von hier sind!", sagten die Nachbarn einmütig.
Herr Gruber hatte immer einen flotten Spruch auf den Lippen, war hilfsbereit zu seinen männlichen Kunden und immer charmant zu ihren Ehefrauen, während sich seine Frau regelmäßig zum gemeinsamen Rosenkranzgebet mit den anderen *gottgefälligen* Nachbarsfrauen traf und dem katholischen Kirchenchor beitrat, der einmal in der Woche zusammenkam.

Ein Rundgang im Haus

Erinnerungen von Julys Vater, Mutter und Bruder

Der gesamte Anwesen umfasste, nach weiteren Umbauten nach Kriegsende, mehrere Gebäude und bot viel Platz.
Das Vordergebäude war das große Wohnhaus, an dessen Rückseite sich auf einer Seite ein flacher Anbau mit einer großen Werkstatt nebst Garagen und ein viereckiger Innenhof anschloss, der zu einer großen Scheune führte.
Herr Gruber hatte nach dem Kauf den Reitstall, der sich zwischen Wohnhaus und Scheune befand, abgerissen und dort schon Anfang der 30er Jahre einen flachen Anbau als Werkstatt errichtet. Zur linken Seite des Hauses war eine weitere gepflasterte Zufahrt zum Innenhof und der Werkstatt gebaut worden; zum Nachbarhaus seitlich sich abgrenzend durch eine lange, hohe Mauer und zur Ortsstraße hin mit einem großen Tor, das am Abend geschlossen wurde.
In der Scheune befanden sich die Waschküche mit dem großen beheizbaren Waschkessel und einige im Sommer leer stehende kleinere Ställe. Im Schweinestall wurden vor dem halbjährlichen Schlachttag ein oder zwei Schweine untergebracht. Im hinteren Teil der Scheune standen Käfige für Hasen. Dort hing auch später Julys Schaukel, und dort zog sie sich zurück, wenn sie von den *ungerechten* Erwachsenen die Nase voll hatte.
Im Anschluss kam ein großer Garten mit Gemüsebeeten, Beeten mit Salat und Stangenbohnen, Erdbeerbeeten, einigen Apfel–, Birnen–, Zwetschgen– und Kirschbäumen, verschiedenen Beerensträuchern und kleinen Gehegen für Hühner und Enten.
Ein dichter Maschendrahtzaun teilte ihn von den gepflegten Spazierwegen, umsäumt von schlanken Birken, rund um die Stadt ab. Dahinter öffnete sich der weite Wiesengrund mit

dem Bachlauf. Die Wiesen waren voller bunter Blumen: Margeriten, Glockenblumen, Rainfarn, Wiesensalbei, Rotklee und Steinnelken.

Nach Fronleichnam, meist Mitte Juni, wurden die Wiesen abgemäht. Vorher pflückten die Familien für das Fronleichnamsfest viele Margeriten und Glockenblumen als Sträuße für das Schmücken der Fenster. Die Blütenblätter der roten Pfingstrosen aus dem Grubergarten lagen mit Gräsern als Blumenteppich vor dem errichteten Altar in der Straße. Wenn dann die Fronleichnamsprozession mit dem *Allerheiligsten,* dem Pfarrer, den Ministranten und den Gläubigen der Stadt auszog, streuten die Kinder Blüten und Blütenblätter aus ihren Körbchen auf die Straße.

Vater Gruber reparierte in seiner Werkstatt von landwirtschaftlichen Geräten, Autos, Fahrrädern, Motorrädern, Nähmaschinen fast alles – bis hin zu Kochtöpfen und Uhren. wobei ihm anfänglich der Onkel und ein Lehrling zur Hand gingen – später in den 50er Jahren – seine beiden Söhne. „Er hat ein Händchen für alles", gab die Mutter neidlos vor den Kunden zu. An diese Werkstatt schlossen sich ein Büro – und Geschäftsraum an, wo Aufträge angenommen, Rechnungen ausgestellt und in den Regalen Eisenwaren wie Nägel, Schrauben, Werkzeug und technische Ersatzteile für Fahrräder und Motorräder lagerten.

Im vorderen Teil des Wohnhauses lagen neben der großen Wohnküche und ihren Nebenräumen, getrennt durch den breiten Hauseingang, der zum Innenhof führte ein weiterer Geschäftsraum, der schon kurz vor Ausbruch des Zweiten Weltkrieges von Vater Gruber als kleines Gemischtwarengeschäft oder *Kolonialwarenladen* umgebaut wurde, mit einem Schaufenster und einer zusätzlichen Eingangstür zur Straße hin.

Die 30er und 40er Jahre - und zurück in die 50er (2)

Weitere Erinnerungen von Julys Mutter und von Julys Schwester

Vor dem Krieg verkaufte Mutter Gruber dort außer einigen Grundnahrungsmitteln wie Zucker, Salz, auch Rauchwaren, Spirituosen, Zündhölzer, Kakao, Tee, Gewürze, Süßwaren, Haushaltswaren, Kerzen, Seife und Waschmittel. Der jeweiligen Jahreszeit entsprechend standen in den Regalen auch Marmeladengläser, eingemachtes Obst und Flaschen mit Obstsäften, alles vom Anbau im eigenen Garten.

Wenn Vater Gruber mit seinem Motorrad zu einem Bauernhof fuhr, um dort eine Reparatur an einer Landmaschine zu machen, brachte er im Gegenzug Brot, Mehl, Obst, Gemüse, Schinkenspeck und andere Naturalien mit, die ebenfalls im Laden verkauft wurden. Auf einer dieser Fahrten hatte er einen Unfall, und sein rechtes Bein wurde verletzt, was sich letztlich als Glücksfall herausstelle, da er auf Grund seines krummen Beines als Folge des Knochenbruches nicht zur Wehrmacht eingezogen wurde. Auch beim *Volkssturm* am Ende des Krieges war Vater Gruber nicht dabei. Und die Grubersöhne waren noch zu jung, um in den letzten Tagen des Krieges eingezogen zu werden.

Es gab dann doch einen Trauerfall in der Familie.
Ein kleiner weißer Sarg stand – kurz vor dem Kriegsende – im Hauseingang des Gruberhauses.
Mutter Grubers viertes Kind, ein Junge namens Karl, war im Alter von acht Monaten kurz vor Ende des zweiten Weltkrieges, in der Nacht nach einem Bombenangriff im Schlaf erstickt und wurde zu Grabe getragen.

Das Kriegsende endete für die Kleinstadt, die fast ganz von Bomben verschont geblieben war, mit der kampflosen Übergabe an die amerikanischen Truppen. Die Panzer der Amerikaner rückten ein, und die US Soldaten besetzten die Häuser, auch Zimmer des Gruberhauses. Einzig ein Zimmer im ersten Stock des Hauses war der Familie als privater Aufenthaltsort zugeteilt worden. Des weiteren wurde den Grubers eine Flüchtlingsfamilie zugewiesen, die im Zimmer des Onkels untergebracht wurde, der in dieser Zeit auf einer Matratze in der Werkstatt schlief.
Während des Krieges und nach dem Krieg gab es Rationalisierung mit Lebensmittelkarten und Bezugsscheinen, und nur wenige Waren wurden geliefert.
Der Tauschhandel auf dem *Schwarzmarkt* blühte.

Nach Währungsreform und Wirtschaftsaufschwung zu Beginn der 50er Jahre, als July schon geboren war, wurde die Werkstatt renoviert, und der Gemischtwarenladen der Grubers erweiterte sein Sortiment. Neue Lieferanten waren hinzugekommen, so dass auch Veronika oft mithelfen musste. Zum Verkauf wurden nun außer den früheren *Kolonialwaren* auch Zeitungen, verschiedene Zigarettenmarken, Konserven, Erbswurst, Maggi-Würzflaschen, Schreibwaren, Blockschokolade, Caro-Kaffee, Lindes-Kaffee, Wein und mehr angeboten. Zudem war der Laden ein Umschlagplatz für Kundengespräche aller Art.

Eine Nachbarin erzählte später der erwachsenen Julia

> *Ja, die Grubers hatten Glück.*
>
> *Dein Vater wurde nicht zur Wehrmacht eingezogen und deine Brüder waren noch zu klein. Deine Mutter war sehr hilfsbereit, sie verkaufte den Nachbarn zu einem guten Preis oder auch umsonst, was dein Vater so von den Ausflügen auf den Dörfern mitbrachte. Wir trafen uns oft im Laden, manchmal*

nur um zu reden.

Unsere Stadt blieb weitgehend von Bomben frei. Doch wir hatten alle furchtbare Angst, wenn wir das Dröhnen der Flieger über uns hörten.

Ich hatte weniger Glück, mein Mann war nicht unter den letzten Kriegsheimkehrern. Er war an der Ostfront gewesen. Ich hatte bis Mitte der 50er Jahre auf ihn gewartet. Mein Sohn kam schon früher zurück – sein rechtes Bein war bis über dem Knie abgenommen worden. Aber zumindest lebte er. Einige Jahre später erhängte er sich.

Der Krieg hat uns alles genommen.

Ich mach halt so weiter. Jetzt in der Fabrik. Die Arbeit hält mich vom Nachdenken ab.

Noch ein Rundgang im Haus in den 50er Jahren

Erinnerung von July und ihrer Patentante

Die große Wohnküche im Erdgeschoss war inzwischen wieder der zentrale Ort im Tagesablauf der Familie geworden, die in den Nachkriegsjahren zugewiesene Flüchtlingsfamilie war ausgezogen, die Zimmer der oberen Stockwerke Hauses waren wieder frei zugänglich.

An der Wohnküche vorbei führte eine breite gewundene Treppe mit einem geschnitzten Holzgeländer in den ersten Stock.

In der Mitte dieses beeindruckenden Treppenaufgangs befand sich ein breiter Absatz, über dem an der Wand ein riesiges Kreuz hing, das größer war als July mit ihren fünf Jahren. Der gekreuzigte Jesus mit seiner Dornenkrone, von Julys Brüdern kurz *Inri* genannt, war aufrecht darauf befestigt und es schien, als gehöre er schon seit ewigen Zeiten da hin. Er schaute jeden, der die Treppe hochstieg, mit einem nachhaltig schmerzvollen Blick an, der mitten ins Herz treffen konnte.

Hinter dem unteren Treppenaufgang war eine geräumige, auch im Sommer kühle Nische, wo Vorratsschränke standen, in denen Wurstdosen und Schinken vom Schlachttag aufbewahrt wurden.

Im ersten Stock lagen die verschiedenen Wohnräume der Familie, während sich das Zimmer des Onkels sowie zwei Gästezimmer im zweiten Stock befanden.

Die Treppe verengte sich dann stark und führte zu einem riesigen Dachboden, der vom Boden bis zur Decke mit Gerümpel und diversen Hinterlassenschaften der früheren und jetzigen Bewohner des Hauses vollgestopft und mit unzähligen Spinnweben durchzogen war. „Heuer ist der Dachboden dran! Der muss geleert werden", nahm sich der Vater jedes Jahr vor, so weit sich jeder in der Familie erinnern konnte, aber es war beim bloßen Vorsatz geblieben.

Unweit vom Haus gab es eine Gasse mit vielen Felsenkellern, von denen auch Familie Gruber einen besaß und in dem sie während des Zweiten Weltkrieges bei Bombenalarm Zuflucht gesucht hatte. Jetzt lagerten in dem kühlen Keller Vorräte aller Art: Gemüse, Kartoffeln, eingemachtes Obst, gekochte Marmelade und Gelee, gepflückte Äpfel und Vaters Lieblingsweine.

Julia begegnet Nora

Der Felsenkeller daneben war lange unbenutzt gewesen, doch er hatte seit einigen Monaten einen neuen Eigentümer erhalten.

Eine Familie war im Städtchen zugezogen – drei Häuser weiter von Julys Elternhaus: Familie Trum mit der kleinen Tochter Nora.
Und July bekam eine neue Freundin.
Als sich die beiden kleinen Mädchen in Gegenwart ihrer Mütter zum ersten Mal in der Gasse vor den Felsenkellern begegneten, hatte July spontan die Hand ihrer Mutter losgelassen und war schnurstracks auf Nora zugegangen. Sie nahm sie an der Hand und die beiden hatten sich angestrahlt, gerade so als würden sich zwei ganz alte Freunde treffen. Ihre innige Verbindung wurde anfangs von Julys Familie belächelt, aber schließlich gutgeheißen.
„Wie siamesische Zwillinge!", scherzten die Brüder.
„Der ruhige Einfluss von Nora tut unserem Wirbelwind bestimmt gut", hieß es bei Julys Eltern. „Nora ist ja schon so ein vernünftiges Mädchen!"
Während die blonde, fröhliche July mit ihren meerblauen, eigentümlich funkelnden Augen und den schwer zu bändigenden Locken, die durch eine Spange meistens zu einem Hahnenkamm auf dem Kopf fixiert waren, vor Übermut und Tatendrang nur so sprühte, vermittelte die adrette, dunkelhaarige Nora mit ihren sanften Rehaugen und den sorgfältig geflochtenen langen Zöpfen Besonnenheit und Pflichtbewusstsein zugleich.
„Die beiden sind so unterschiedlich wie Zucker und schwarzer Pfeffer", pflegte Julys Vater zu sagen, und manchmal sagte er auch: „Wie Lagerbier und Sekt."

Die beiden Mädchen liebten sich seit ihrer ersten Begegnung von Herzen und waren voneinander entzückt. Kaum ein Tag verging, an dem sie nicht zusammen waren.
Ihr gemeinsames Lieblingsgetränk war Apfelsaft, ihr gemeinsames Lieblingsessen Schinkennudeln, und gemeinsam naschten sie auch heimlich und gerne aus der Vorratskammer Staubzuckerstückchen und knallrote Himbeerbonbons.
Von Puppen, Lutschern, Murmeln und Kniestrümpfen bis hin zu Mützen, Haar– und Zopfspangen wurde alles hin und her getauscht – was von den Familien der beiden mehr oder weniger gern geduldet wurde.
Schließlich luden sich auch Familie Trum und Familie Gruber im Austausch des öfteren zu einer Kaffeerunde ein.

Bei einem der jüngsten Treffen wurde von den Eltern beschlossen, July und Nora gemeinsam nach *Maria Himmelfahrt* in den wieder eröffneten Kindergarten zu schicken. Die neue Leiterin, eine ältere Ordensschwester, hatte zugesagt.
Veronika sollte die beiden Mädchen hinbringen und abholen.

Kindergarten

July kannte den Weg zum Kindergarten von den Spaziergängen mit Mutter und Schwester.

Das große, kahle Gebäude mit dem Schild und der Aufschrift an der grauen Fassade: *Kindergarten St. Barbara*, hatte ihr schon immer Unbehagen eingeflößt und schaute in der Tat wenig einladend aus.
Ein dunkler Holzzaun umgab den Hof, einige quadratische Steinplatten waren auf dem Lehmboden des Grundstückes eingelassen und führten zur Eingangstür des Hauses. An der rechten Seite schloss sich dann eine Wiese mit einigen Bäumen darauf an, zwischen denen mehrere Schaukeln und ein großer Sandkasten ihren Platz hatten.
„Grüß Gott!" Schwester Horatia empfing sie an der Eingangstür und gab erst Veronika und dann den beiden Mädchen die Hand. July spürte einen Kloß in der Kehle. Sie blickte auf ein hageres Gesicht, das durch die weiße Nonnenhaube in seiner Blässe noch betont wurde und das trotz der Andeutung eines Lächelns einen strengen Ausdruck hatte.
„Die mag ich nicht!", murmelte July und trat einen Schritt zurück.
„Veronika?" Hilfe suchend sah sie sich nach der großen Schwester um, doch die war schon an der Tür des Holzzauns angelangt.
Julys Hände wurden feucht und ihr Herz schlug schneller.
Dann fühlte sie die warme Hand der Freundin und drückte sie fest.
Der Kloß in ihrem Hals verschwand.

Einige Wochen vergingen.
July fand sich nur schwer mit den neuen Regelungen und Maßnahmen zurecht. Doch auch wenn sie etwas Angst vor dem prüfenden Blick der Nonne hatte, hielt sie das nicht ab,

die anderen Kinder mit Erfolg als ihr staunendes Publikum für ihre skurrilen Erzählungen zu benutzen, besonders, wenn Schwester Horatia nicht in ihrer Nähe war.

„Ich hab da ein Geheimnis, das sag ich euch aber nicht, denn ich bin eine verwunschene Prinzessin." – „Ach mach doch!" – „Nein! Das ist ein Geheimnis!" – „Ich lass dich auch von meinem Leberwurstbrot beißen!"– „Und ich, ich geb dir ein Stück von meinem Apfelkuchen." – „Mein wirklicher Vater ist ein König." – „Du spinnst!" – „Wisst ihr eigentlich, dass ich jede Nacht in einem großen Schloss schlafe?"– „Wo denn?" – „Das erratet ihr nie!!!" – „Weil es gar nicht stimmt und du lügst!"

Durch diese kessen, heimlichen Späßchen und natürlich durch die Gegenwart ihrer Freundin Nora, die ihr bewundernd und neidlos Beifall zollte, wurden diese langen vormittäglichen Stunden einigermaßen erträglich für sie.

Im Gegensatz zu July ging Nora gerne in den Kindergarten. Fast immer war sie als Erste mit den Bastelarbeiten aus Papier – die geklebt oder gefaltet wurden zu Vögeln, Schmetterlingen und anderen Tieren – fertig. Nora malte mit Hingabe und konnte sich lange Zeit angestrengt mit etwas befassen, ohne dass sie aufstand oder umher schaute oder Späßchen und Grimassen wie July machte. Wenn sie dann von Schwester Horatia gelobt wurde, lief sie rot an und senkte den Kopf, zumal ihre quirlige Freundin im Gegenzug dazu meistens getadelt wurde, weil ihr beim Malen oder Ausmalen schnell langweilig wurde, und sie dann die Lust verlor.

„Julia, was soll das werden?"

Kritisch nahm Schwester Horatia Julys Werk in Augenschein. Dann hob sie das Bild hoch: „Kinder, *was* solltet ihr ausmalen?"

„Eine Kuh!"

„Kinder, ist das eine Kuh?"

Im gemischten Chor kam es unentschieden zurück: „Ja!" – „Nein!"

Alle kicherten, auch July lachte mit.

Die weiße Nonnenhaube von Schwester Horatia mit dem steifen Kragen um das Kinn neigte sich zu July hinunter: „Julia! Das *ist* keine Kuh! Schau mal, wie gut das Nora gemacht hat. Nimm dir ein Beispiel an deiner Freundin!"
July schaute zu den andern Kindern hin und dann zur Schwester Horatia. Trotzig stieß sie hervor: „Das ist eine Kuh mit zwei Schwänzen, die gibt es bei uns im Garten auf der Wiese! Und der Bauer neben uns hat auch so eine im Stall."
Befriedigt nahm sie das erneute Kichern um sich zur Kenntnis.
Es war ihr egal, dass sie in der Pause draußen nicht mitspielen konnte, denn Nora durfte bei ihr bleiben.
Schwester Horatia hatte es erlaubt mit den Worten: „Vielleicht findet ein blindes Huhn doch auch mal ein Korn. Gott segnet die Einfältigen. Amen."
Endlich war es Mittag.
Endlich kam Veronika, um sie beide abzuholen.
Nora nahm July und July nahm Veronika bei der Hand.
Hand in Hand gingen sie nach Hause.

Nora erkrankt

Dann kam jener Morgen, an dem alles anders wurde.

Wie gewöhnlich liefen July und ihre Schwester zum Haus der Familie Trum, um Nora abzuholen. Gewöhnlich standen dann Nora und ihre Mutter schon vor der Haustür und erwarteten beide.
Diesmal stand niemand da.
Veronika drückte auf den Klingelknopf.
Frau Trum öffnete. Ihr Gesicht war blass. Sie rieb sich die verschwollenen Augen.
„Nora! Sie ist ... , sie ist krank." Bevor Veronika etwas äußern konnte, kam ein heftiges Schluchzen bei Noras Mutter hoch: „Der Doktor. Er ist gerade da. Ich muss wieder hinein."
Die beiden Frauen tauschten einen Blick aus.
July wollte noch etwas sagen, aber Frau Trum war schon wieder im Haus verschwunden.
Abrupt zog Veronika sie weiter.
„Aber Nora, sie kommt doch! Später? Ja? Sag doch!", fragte July immer wieder.
Veronika antwortete nur mit einem hilflosen Achselzucken.
„Und meine Puppe, Nora hat doch meine Puppe Angelika! Wir haben gestern Puppen getauscht." Julys Stimmchen war kaum noch zu hören. Fest umklammerte sie Veronikas Hand.
An der großen, schweren Eingangstür stand Schwester Horatia wie jeden Morgen und reichte die Hand zum *Grüß Gott*. Ihre dunklen Augen starrten July an.
July versteckte ihre Hand.
Veronika trat einen Schritt näher zur Ordensschwester und sagte leise: „Nora kommt heute nicht mit, sie ist krank." –
„Gottes Segen für das Kind!", kam als Antwort.
Hastig eilte Veronika weg, ohne July zuzuwinken.
„Jetzt komm herein, Julia. Du hast dir doch sicher vorgenommen, auch ohne Nora recht brav zu sein! Dann wird sie be-

stimmt schneller gesund!", sagte Schwester Horatia und schaute schon auf den nächsten Ankömmling.
Julys Unbehagen verstärkte sich. Der Kloß im Hals war wieder zu spüren. Mit gesenktem Kopf nickte sie und machte rasch den Knicks, den die Ordensschwester als morgendliches Begrüßungsritual bei den Kindern eingeführt hatte.
Weitere Kinder kamen im Kindergarten an. Sie tauschten Straßenschuhe und Jacken oder Mäntel mit den Hausschuhen und einer Schürze. Dann legten sie ihre Pausenbrote und Teefläschchen in das Fach mit ihren jeweiligen Vornamen und begaben sich nacheinander zum gemeinsamen Morgengebet auf den ihnen zugewiesenen Platz.
Stillschweigend saß July den ganzen Vormittag auf ihrem Stuhl. Fast regungslos und ohne zu sprechen oder bei den Spielen mitzumachen. Immer wieder starrte sie zur Eingangstür.
Dann war es endlich Mittag. Veronika holte sie ab.

Die Mutter stand in der Küche.
„Mama, Mama! Ich will meine Puppe wieder haben. Ich muss zu Nora!", rief July.
„Die Puppe ist nicht so wichtig, die bekommst du schon wieder. Wichtiger ist, dass du dich nicht ansteckst! Aber unser Herrgott wird das nicht zulassen!", sagte sie seufzend.
July verstand nicht, wobei sie sich anstecken sollte. Auch nicht, warum Mutter so traurig war und sie nicht zu Nora gehen durfte.
Als sie merkte, dass Mutter und Schwester miteinander flüsterten, spitzte sie die Ohren.
„Ich sagte zu ihr, ich würde einen Rosenkranz beten", konnte sie noch verstehen, bevor die Mutter die Stimme dämpfte und auch wenn July außer: „Ach Gott!" und „Ach je!" nichts mehr verstehen konnte, wuchs doch ihr Unbehagen. Es wurde noch viel größer, als Noras Puppe in den großen Wohnzimmerschrank eingeschlossen wurde und Veronika meinte: „Wer weiß schon, was daran hängt!"

Es vergingen einige Tage.
July weinte und quengelte. Keiner sagte ihr, wie sie ihre Puppe Angelika zurückbekommen konnte. Und warum Nora nicht endlich wieder gesund wurde. Obwohl sie doch so viel beteten.

Dann kamen die nächsten Vormittage im Kindergarten.
An einem dieser Tage sagte Schwester Horatia vor dem gemeinsamen Morgengebet mit ernster Stimme: „Ihr alle müsst jetzt sehr brav sein. Hört ihr! Wir wollen für Nora beten, damit sie Gott bald wieder gesund macht."
Wie versteinert blieb July an der Wand des Spielraumes stehen, während sich die anderen Kinder im Kreis versammelten. Die Nonne fasste ungeduldig ihren Arm, zog sie zu sich und flüsterte: „Julia, sei nicht unfolgsam!"
An diesem Vormittag beteten sie eine sehr lange Zeit, so kam es July vor, um *Barmherzigkeit für uns arme Sünder* und zur *Heiligen Maria Mutter Gottes*.
July störte kein einziges Mal.
Angestrengt dachte sie nach. Wann war sie unfolgsam gewesen?
Gestern hatte sie keine Lust gehabt, ihre Spielsachen aufzuräumen und Mutter hatte sie geschimpft. Und dann hatte sie einige Male leise *große Scheiße* gesagt, eines der Lieblingswörter ihrer Brüder, das sie aber nur benutzten, wenn Mutter nicht in der Nähe war.
Am Ende des Vormittages, als die Glocken der nahen Kirche wie immer zur Mittagszeit zum *Angelusläuten* ertönten, beteten alle Kinder mit Schwester Horatia noch einmal zum *Engel des Herrn*, das *Gegrüßet seist du, Maria* – Gebet und um die Vergebung ihrer Sünden.
Der Kloß in Julys Kehle war wieder da.
Endlich kam Veronika, um sie abzuholen. Verängstigt rannte July auf sie zu und klammerte sich zitternd und schluchzend an sie. Doch kein Wort war von Veronika aus ihr herauszubringen.

Als July am nächsten Tag ganz früh erwachte, waren die Betten der Eltern schon leer. Das Fenster im Schlafzimmer stand offen.
July schaute hinaus.
Der Himmel war grau und diesig – wie oft im Spätherbst.
Sie lief mit nackten Füßen und nur mit ihrem dünnen Nachthemd bekleidet hinaus in den Hof, dann vor das Haus:
„Mama, Mama! Wo bist du?"
Endlich kam diese von der Straße weiter oben, wo Nora wohnte, zum Haus gelaufen. Sie nahm July bei der Hand und ging mit ihr in die Küche, wo Veronika und der Vater am Küchentisch saßen.
„Mama, mir ist so kalt!"
„Du hast wieder einmal keine Schuhe und Strümpfe an."
Die Mutter bemängelte es mehr aus Gewohnheit. Ihre Stimme brach ab.
Sie kehrte July plötzlich den Rücken zu und putzte sich die Nase, während Veronika die July-Tasse mit Kakao vor ihre kleine Schwester auf den Tisch stellte.
„Mama, wenn ich heute ganz brav bin, darf ich dann ... "
Erschrocken verstummte July. Der Mutter liefen Tränen über das Gesicht. Sie sank auf den Stuhl und stieß laut weinend hervor: „Es ist, als wäre mein jüngstes Kind gestorben."
„Aber Mama, ich bin doch dein jüngstes Kind!"
Plötzlich waren auch die Brüder in der Küche.
Verstört sah July von einem zum anderen.
Sie hatte doch nichts getan. Oder doch?
„Ich wollte doch ... nur meine Puppe Angelika von Nora zurück haben," murmelte sie leise.
Alle schwiegen. Kein Wort fiel.
Plötzlich schob Julys Vater seinen Teller zur Seite und blickte auf seine weinende Frau. Doch sie wich seinem Blick aus und schlug mit der Hand abwehrend in seine Richtung, während ein weiteres Schluchzen ihren Körper schüttelte. Ihr Mann presste die Lippen zusammen und senkte den Kopf. Dann stemmte er die Hände auf die Tischkante und erhob sich. Der Stuhl fiel rücklings hinter ihn auf den Boden. Bevor er zur

Tür ging, strich er July über den Kopf und sagte: „Dass du uns nur gesund bleibst".

Das Schweigen war zurückgekommen und nahm wieder seinen Platz ein.
Eine zentnerschwere Last legte sich um das ganze Haus.
Keiner achtete mehr auf July, die unbemerkt die Küche verließ.
Das Verbot der Mutter wirkte nicht mehr. Nur ein Gedanke war in ihr: Nora zu sehen und die Puppe Angelika zu holen.
Rasch schlüpfte July in ihre Hausschuhe und nahm den grünen Papierfrosch, den sie im Kindergarten gefaltet hatte, aus ihrem Kindergartentäschchen.
Auf ihr Klingeln hin öffnete ein schwarz gekleideter Mann die Haustür und schaute stirnrunzelnd zu ihr hinab.
Mit ihm drang ein süßer narkotisierender Duft von Weihrauch nach draußen.
Erschrocken hielt July ihm den Papierfrosch hin, den er überrascht ergriff. Sie würgte noch hervor: „Das ist für Nora."
Dann drehte sie sich um und rannte davon.
Im überdachten hinteren Teil der Scheune, wo ihre Schaukel hing, wurde sie schließlich von Veronika gefunden. July hatte sich in eine Ecke gekauert und nur ein leises Wimmern war zu hören. Veronika setzte sich neben der kleinen Gestalt auf den Boden und sagte leise: „July! Hörst du! Nora ist jetzt im Himmel beim lieben Gott."
Die große Schwester sprach weiter.
Doch die kleine Schwester hörte gar nicht mehr zu.
Veronika nahm das erstarrte Kind in den Arm und hatte dann selbst nur noch Tränen und keine Worte mehr.

In dieser Nacht hatte July einen Traum.
Ihre beste Freundin war plötzlich da. Sie hatte ein blaues Kleid an und das dunkle lange Haar, das sie sonst in Zöpfen trug, fiel ihr offen zu beiden Seiten der Schultern herunter.
Sie lächelte, aber als July sie rief, gab sie keine Antwort.

Plötzlich verschwand sie und July fühlte einen tiefen Schmerz in sich. Ihr verzweifeltes Weinen weckte die Mutter.
„July, mein Kind. Was ist denn? Hast du schlecht geträumt?"
Die Mutter setzte sich an Julys Bett und wiegte sie in den Armen. „Ich bin doch bei dir und dein Schutzengel ist auch da!"
Die beruhigende Stimme der Mutter ließ July schließlich erneut in den Schlaf fallen.

Die Beerdigung

Der Tag von Noras Beerdigung war gekommen.

Man versuchte diesen Vorgang vor July geheim zu halten, indem die einzelnen Familienmitglieder sich leise aus dem Haus zum *Gottesacker* stahlen.
Julys Brüder sollten auf Wunsch der Mutter und Frau Trum beim Transport des Sarges zum Grab und vorher beim Ministrieren und dem Schwenken des Weihrauchkessels helfen, da der Stadtpfarrer erkrankt war. Der junge Kaplan, den man als Ersatz geschickt hatte, war noch sehr unerfahren, was Beerdigungen anbetraf, und nahm die angebotene Hilfe gerne an.
Nur noch der Onkel, den July ohnehin nicht besonders leiden mochte, war in der Werkstatt des Vaters und bastelte an einer alten Spielzeuglokomotive, als die Mutter mit July dazukam.
„Du malst jetzt deinen schönen großen Schmetterling aus," sagte Julys Mutter und legte das Malbuch und die Buntstifte auf einen kleinen Tisch. „Ich bin gleich wieder da!"
„Mama, ich will aber mit dir mit!", quengelte July.
„Das geht nicht, Kind. Und jetzt – sei folgsam!"
Die Mutter wurde nervös, sie wollte sich noch umziehen.
July begann zu schreien. Es war nicht das Schreien eines ungezogenen Kindes, es war ein qualvolles Schreien, das durch Mark und Bein ging.
„Also gut!", Julys Mutter seufzte und warf einen Blick auf die Uhr: „Du darfst mit, aber nur, wenn du mir etwas versprichst!"
Sofort brach July ihr Schreien ab.
Am Friedhofseingang warteten schon ungeduldig der Vater und Veronika.
Überrascht und fast ein wenig verärgert sahen sie den beiden Ankommenden entgegen. Die Eltern flüsterten kurz miteinander, dann mischten sich Veronika und die Mutter unter die Menge, während July mit dem Vater den Weg zum Familien-

grab einschlugen. Sie hatten versprechen müssen, an Omas Grab zu bleiben, bis die beiden Frauen zu ihnen zurückkamen.

July malte unentwegt mit ihrer Schuhspitze Striche und Figuren in den sandigen Untergrund des schmalen Weges zwischen den Gräbern, während ihr Vater sich tief über das Grab bückte, um die Bepflanzung von welken Blättern zu befreien und nicht mehr auf sie achtete.

Dann befand sie sich mit einem Male vor der großen Leichenhalle am Ende des Friedhofes, ein bisschen verwundert, wie sie dort hingekommen war.

Schwarz gekleidete Leute standen rechts und links vom Mittelgang, an dessen Ende sich auf den Stufen unterhalb des offenen Sarges Kränze mit Trauerschleifen und viele Blumengebinde ausbreiteten.

Eine schmale, kleine Gestalt lag in dem Kindersarg – inmitten einer bunten Blumenvielfalt. Die dunklen Haare fielen zu beiden Seiten des starren, unbeweglichen Gesichtes auf das weiße Kissen, auf dem der Kopf lag.

July lief an den vielen Menschen vorbei und erst, als sie fast vor dem aufgebauten Kranz– und Blumenschmuck stand und mit den Armen hilflos herumruderte, wurde die Trauergemeinde auf sie aufmerksam.

„Das ist nicht Nora, das ist ein fremdes Mädchen."
„Das ist nicht Nora, das ist ein fremdes Mädchen."

Erst leise, dann lauter werdend, wiederholte sie diese Worte immer wieder, bis sie nur noch keuchen konnte.

Schließlich war ihre Mutter neben ihr und ergriff sie am Arm.

„Schschttt! Schschttt!", machte sie einige Male.„Sei jetzt sofort still! Wir müssen uns ja schämen!"

Doch July war nicht zu beruhigen. Voller Verzweiflung zog ihre Mutter sie zur Seite und schlug ihr mit der Hand auf den geöffneten Mund, um ihr lautes Keuchen und Weinen zu unterbrechen.

In der Trauergemeinde machte sich Unruhe breit. Die Trauergäste schauten teils mit Befremden teils mit Verständnis auf das, was sich hier abspielte.

July schluchzte laut.
Mit Tränen in den Augen schrie Frau Gruber plötzlich in die gaffende Menge der Trauergäste: „Das ist so so arg, wenn das eigene Kind stirbt. Wissen Sie überhaupt, was und wie das ist? Warum hilft Gott da nicht? Haben Sie denn da eine Antwort?"
Dann zog sie die bitterlich weinende July aus der Halle.
Zu Hause redete ihr die Mutter tröstend zu und wiegte sie auf ihrem Schoß.
Ein übermächtiges Zittern hatte July erfasst. Es ließ sie unablässig weiter vor sich hinschluchzen und die lange so sorgsam verborgenen Verletzungen ihrer Mutter mit aufbrechen.
Ein namenloser Schmerz brannte in beiden und verband sie durch ihre Tränen auf eine innige Weise.
Die Zeit war stehen geblieben.
Und so weinten beide eine Ewigkeit.

Die Zwillingsbrüder von July hatten die Vorkommnisse mit gemischten Gefühlen beobachtet, bevor sie den Sarg von Nora zum Grabe begleitet hatten.
„Ein bisher noch nie da gewesener Fall in meiner Laufbahn als Diener der Kirche!", kommentierte Thomas. „Peinlich, was?", sagte Theo. „Besonders, wenn es um die eigene Familie geht!"
Sie standen nach der Beerdigung diskutierend im Hof des Gruberhauses, als Veronika dazukam.
„Schläft sie endlich?" Die Beiläufigkeit, mit der Theo seiner Schwester diese Frage stellte, sollte sie von seinem Bruder Thomas ablenken, der schnell eine brennende Zigarette hinter seinem Rücken versteckte.
„Das war vielleicht ein Aufstand!", fügte er kopfschüttelnd hinzu.
„Mama ist völlig mit den Nerven fertig," seufzte Veronika laut und warf einen Blick hoch zum Elternschlafzimmer im ersten Stockwerk, wo sich ihre Mutter mit July hingelegt hatte.

Theo ahmte ihren Seufzer nach: „Und erst dem Papa seine Nerven! Unsere kleine July hat ihn ausgetrickst. Deshalb ist er noch in den *Hirschen* gegangen."
„Meine Nerven, die brauchen auch etwas," fügte Thomas hinzu und brachte endlich die Zigarette zum Vorschein, die bisher dem Blick seiner Schwester entgangen war.
Veronika sperrte die Augen weit auf.
„Seid ihr verrückt? Das sag ich der Mama! Sie hat euch das Rauchen verboten!"
Beide Brüder grinsten.
„Das hier ist ein Ausnahmezustand, Schwesterlein."
„Eine sehr ernste Lage."
Theo und Thomas tauschten einen Blick aus und zwinkerten sich zu. „Mama braucht nichts zu wissen und von uns erfährt auch keiner dein süßes Geheimnis!"
Veronika schwieg, doch mehr aus taktischen Gründen. Wohl wissend, dass sie zwar schon volljährig war, aber besser ihre neue Flamme noch eine Weile vor den Eltern geheim halten sollte.
Nach all den Geschehnissen war jetzt kein guter Zeitpunkt für solche Geständnisse.

Die nächsten Tage sprach July kein einziges Wort und weigerte sich, bei den Mahlzeiten zu essen.
Julys Mutter jammerte mit weinerlicher Stimme über das Leid, das man mit Kindern habe, ob sie jetzt lebten oder gestorben seien, während ihr unaufhörlich die Tränen von den Wangen hinunter auf ihren Teller liefen, als wollten sie sich dort mit dem Essen vermischen.
Veronika argumentierte, dass man von Julys Standpunkt aus den offenen Sarg gar nicht richtig habe sehen können.
Der Vater redete July zu, sie müsse jetzt wieder essen, um gesund zu bleiben und keinen Kummer zu machen.
Die Brüder hielten ausnahmsweise mit ihrer Meinung zurück, während sich der Onkel überwiegend dafür interessierte, warum denn überhaupt der Sargdeckel nochmals abgenom-

men worden war und ob der junge Aushilfskaplan eine *offene Aufbahrung* angeordnet habe.

Es blieb ein Rätsel, auf das keiner eine Antwort wusste.

Alles in allem kam man überein, dass schnell Gras über die Sache wachsen müsse, schon wegen dem Gerede der Leute und weil es dann auch für July leichter sei.

„Der liebe Gott hat es so eingerichtet, dass eine Kinderseele nicht so alles begreift."

„Sie wird schon wieder Hunger kriegen."

„In ein paar Wochen hat sie eine neue Freundin."

Tante Katrins Geschenk

Weihnachten stand vor der Tür.

Julys Patentante Katrin, die Schwester ihres Vaters, kam zu Besuch. Ihr Mann und Sohn waren vom Krieg auch mit den letzten Heimkehrern nicht mehr zurückgekommen und sie war eingeladen, Weihnachten bei der Familie ihres Bruders zu verbringen. Ein weiterer Grund war, dass sie sich um July kümmern sollte, solange das Kind nach Noras Tod noch nicht wieder in den Kindergarten ging.
Sie hatte ein Paket für July dabei.
Ausnahmsweise durfte July es schon aufmachen, auch wenn die Mutter das Geschenk lieber am Heiligen Abend unter dem Weihnachtsbaum gesehen hätte.
Ungeduldig riss July an der Verpackung.
Eine große weiße Stoffkatze mit weichem Fell und hübschen grünen Glasaugen lag im Paket.
„Die ist für dich! Gefällt sie dir?" Die Tante blinzelte July zu, die große Augen machte.
„Ist die süß!" Mit einem freudigen Aufschrei klatschte July in die Hände und drückte die Katze an sich.
Dann umarmte sie stürmisch ihre Tante Katrin, dass diese beinahe das Gleichgewicht verlor. „Danke, danke, liebe, liebe Tante!"
„Wie willst du sie nennen? Weißt du schon eine Namen?" Erleichtert wischte sich Julys Mutter mit dem Schürzenzipfel eine Träne aus dem Augenwinkel und murmelte leise vor sich hin: „Gottlob, sie redet wieder!"
Inzwischen hatte sich auch der Rest der Familie zum Mittagessen eingefunden.
„Ist es eine Katze oder ein Kater?", wurde gefragt.
July überlegte nicht lange. „Sie heißt Nora, nein Norika."
„Das klingt wie eine Schuhmarke!", meinte der Vater

„Warum nennt du sie nicht Lurchi? Oder Salamander?",
flachste der Onkel.
„Wie wär' s mit Juni oder August?", fügte Thomas hinzu,
während Veronika ihn missbilligend in die Seite boxte.
Aber July beachtete die Reden der Erwachsenen nicht.
Überglücklich presste sie ihre neue Spielgefährtin an sich.

In dieser Nacht kam Nora wieder im Traum zu July.
Sie lächelte und gab ihr ein rotes Herz in die Hand, bevor sie
verschwand. Diesmal war July nicht traurig, als sie erwachte.

Auch wenn July ihr Schweigen gebrochen hatte, so brachte
sie bei den Mahlzeiten von dem, was ihr die Mutter auf den
Teller gab, kaum etwas hinunter.
„Sie isst wie ein Vögelchen.", jammerte die Mutter heimlich
bei ihrer Schwägerin. „Sie wird mich noch ins Grab bringen!"
„Mach dir keine Sorgen. Sie ist nicht zu dünn. Gib ihr einfach
noch ein bisschen Zeit. Immerhin schmecken ihr ja die Weihnachtsplätzchen!", beruhigte sie Julys Tante.

Weihnachten war schnell vorbei.
Tante Katrin war unter Julys Tränen wieder abgereist.
Ihr Besuch und die Weihnachtstage hatten kurz den gewohnten Ablauf im Familienleben der Gruber verändert. Vater, Mutter und Tante hatten einige Abende mit July *Mensch ärgere dich nicht* gespielt und die Brüder hatten sich zurückgehalten mit ihren Bemerkungen, mit denen sie nicht nur die kleine Schwester zur Weißglut treiben konnten. Mutter und Tante hatten Weihnachtslieder mit ihr gesungen. Und vor dem Zubettgehen hatte ihr Tante Katrin jeden Abend ein Märchen erzählt.

Veränderungen

Die Zeit in Julys Elternhaus war wieder knapp geworden.

Die tägliche Arbeit fraß den Schmerz, die Trauer und Julys zaghafte Fragen mit auf. Die gemeinsame Verbundenheit in der Familie verschwand langsam wieder.
Julys Ängste verschwanden nicht.
Einer der Gründe war der Onkel. Und die dunkle Nische hinter der Treppe: Der Ort, wo man Schläge auf den nackten Po bekam.
So hatten ihre Brüder es erzählt und auch, wie oft sie hier eine Tracht Prügel bekommen hatten. Gerade so als hätten sie eine Heldentat vollbracht.
July selbst war auch schon einige Male von Mutter oder Veronika dorthin gezerrt worden, aber es war dann doch nur bei der Androhung geblieben.
Jetzt stand manchmal der Onkel dort im Dunkel.
Als July einmal die Treppe hochgehen wollte, kam er unerwartet hervor. Der Gürtel seiner Arbeitshose hing zur Seite und der Hosenschlitz war aufgeknöpft. „He! July! Willst du mal ein Vögelchen sehen?", flüsterte er.
July wich zurück.
„Prinzessin, das war doch nur ein Späßchen!", grinste er hinterhältig und band den Gürtel fest. Sein Mund verzog sich zu einem schiefen Lächeln, das July fast noch unheimlicher fand, als den Schrecken, den er ihr eingejagt hatte. Einer der wenigen übriggebliebenen bräunlich verfärbten Zähne im Unterkiefer war zu sehen und zog Julys Blick an wie ein Magnet.
Blitzschnell drehte sie sich um und rannte davon.
„Wenn du die Zähne am Abend nicht putzt, bekommst du genauso solche Stummel wie der Onkel," hatte ihr Veronika eröffnet, als July sie fragte, warum der Onkel so schreckliche Zähne habe. Über das, was sie außerdem bei dem Onkel gesehen hatte, wagte sie nichts zu sagen.

Zu Weihnachten war ihre Puppe Angelika, eine große Schildkrötpuppe, neu eingekleidet und frisch duftend zurückgekommen. Jemand hatte sie auf das große Sofa im Wohnzimmer gesetzt. Dort saß sie wie verloren und schaute mit großen runden Glupschaugen, als würde sie auf etwas warten.
Doch July beachtete sie nicht.

Als Weihnachtsgeschenk hatte sie auch Papieranziehpuppen auf Ausschneidebögen bekommen. Tante Kathrin hatte mit July zusammen das Ausschneiden der ersten drei Bögen übernommen. Jetzt lagen sie alle in einem Schuhkarton bereit und July nahm sie mit in ihr Geheimversteck unter dem Klavier.
Das riesige dunkelbraune Möbelstück war ein Erbe der Großeltern gewesen und stand im wenig besuchten Wohnzimmer der Familie abseits im Eck, wo es nicht störte. Früher hatte Julys Mutter häufig darauf gespielt, doch inzwischen war es verstimmt und verstummt. In der Ecke daneben stand eine helle Vitrine. Die rechte Tür der Vitrine, die häufig von selbst aufging und die keiner richtete, bot einen behelfsmäßigen Sichtschutz.
Diesen kleinen besonderen Platz suchte July am Nachmittag gemeinsam mit ihrer Stoffkatze auf und sie unterhielten sich dort in einer Geheimsprache mit den verschiedenen Papierpuppen, denen man die Kleider mit Hilfe von Laschen an- und ausziehen konnte. Es war eine einfache und besondere Art des Ankleidens, die sowohl July als wohl auch den Figuren gefiel. Inzwischen hatte Veronika noch zwei weitere Bögen mit Figuren und Kleidern ausgeschnitten und es hatte sich eine stattliche Anzahl von Papierpuppen angesammelt, welche die entsprechenden Namen von der Familie bekommen hatten. July war sehr streng mit ihnen. Mit der Zeit waren sie dann fast allesamt ohne Köpfe und Glieder und July verlor das Interesse an ihnen.

Zum 6. Geburtstag bekam sie ein neues großes Märchenbuch mit Bildern.

Der Froschkönig, Rapunzel und die Gänsemagd kamen als Lieblingsmärchen zu Dornröschen, Schneewittchen und Aschenputtel.
Die Prinzen und Prinzessinnen und das Vertauschen und die Verzauberungen in den Märchen beschäftigten sie weiterhin.
July wollte endlich auch eine ganz richtige Prinzessin werden und in einem Schloss wohnen.
Am Abend vor dem Nachtgebet wandte sie sich an die Mutter.
„Mama, wünscht du dir auch einen Prinzen?"
„Dazu bin ich schon zu alt. Viel zu alt!", die Stimme der Mutter klang müde.
July stupste die Mutter am Arm: „Aber als du klein warst, hast du dir nicht einen Prinzen gewünscht oder einen Froschkönig, der ein Prinz wird?"
„Prinzen gibt es nur im Märchen! Mir ist noch nie einer begegnet!"
„Und Papa? Hast du dir Papa gewünscht?", fragte July.
Die Mutter wich aus: „Das weiß ich nicht mehr. Das ist zu lange her!"
Sie faltete ihre Hände und machte das Kreuzzeichen. July tat es ihr nach. Das Abendgebet übernahm diesmal Mutter selbst, denn July verplapperte sich und wusste nicht mehr weiter.
Nach dem Gebet wagte July einen neuen Versuch: „Mama! Ist Jesus dein Prinz?" Julys Mutter zögerte, dann sagte sie mehr zu sich selbst als zu July: „Er gibt mir mehr Trost und Freuden als dein Vater."
Sie drückte auf den Schalter der Nachttischlampe: „Jetzt schlaf, Kind. Ich komm später, hab noch viel Arbeit."
„Bitte Mama! Lass das Licht an, bis du auch kommst," bettelte July, bevor Mutter ging. „Ich schlaf ganz bestimmt auch gleich ein."

Am nächsten Morgen wurde sie von Veronika geweckt.
In der Küche kletterte sie auf ihren erhöhten Kinderstuhl, den ihr Vater unlängst nach einer eigenen Idee für sie gebaut hat-

te. „Die Kleine soll mit uns Großen am Tisch sitzen, ohne dass sie zu klein ist," hatte er gesagt, während seine Frau verwundert den Kopf schüttelte, aber nichts entgegnete.
Eine warme Milch in einer großen Tasse wurde auf den Tisch gestellt und July zupfte Veronika am Rock: „Hast du schon einmal einen Frosch geküsst?"
Veronika drehe sich entgeistert um.
Der Onkel, der wie immer plötzlich von irgendwoher zur Stelle war, antwortete schnell statt ihrer: „Deine Schwester sucht sich andere Opfer und macht ihnen schöne Augen!" Er spitzte die Lippen und schmatzte Küsse in die Luft.
„Halt deinen Mund, du Scheißkerl!" Veronika war nicht wiederzuerkennen, als sie mit den Fäusten wütend auf ihn losging. Schon waren beide in ein Wortgefecht verwickelt.
July beobachtete sie ratlos. Was hatten die Küsse des Onkels mit dem Froschkönig und Veronika zu tun? War der Frosch doch kein Prinz? Waren denn Küsse böse?
Selbst Mutter gab ihr keinen Kuss mehr wie früher vor dem Einschlafen, sondern machte seit Noras Tod stattdessen mit Weihwasser ein Kreuzzeichen auf ihre Stirne. Und auch Veronika hatte seit einigen Monaten kaum Zeit für sie. Sie war am Abend plötzlich weg.
Allein ihr Vater gab ihr ein Küsschen auf die Wange, wenn er guter Dinge war, und das war er meistens, wenn er vom Wirtshaus kam.
July mochte diese nassen Küsse nicht, die nach Bier und Zigarrenqualm rochen und wischte sie mit der Hand schnell von ihrem Gesicht.

Einige Tage später konnte sie nicht einschlafen. Sie lief die Treppe hinab, um nach der Mutter zu suchen.
Im Wohnzimmer war es fast dunkel, nur das neue Fernsehgerät war angeschaltet und wechselte ständig viele Bilder. In Schwarz und Weiß bewegten sich Menschen und Figuren und man sah Häuser, Zimmer und Straßen.
Es flimmerte auch vor Julys Augen.

Niemand bemerkte, dass sie hinter der halb geöffneten Tür stand.
Auf dem Bildschirm umarmten sich gerade ein Mann und eine Frau.
„Das müssen ein Prinz und ein Prinzessin sein, denn sie sind so schön!", dachte July.
Sie sah heimlich eine Weile zu.
Leise schlich sie dann wieder die Treppe hoch in das Schlafzimmer und schlüpfte unter ihre noch warme Bettdecke.
Vor dem Einschlafen ging ihr viel durch den Kopf.
„Wieso hatten sich Vater und Mutter noch nie so geküsst, wie das der Prinz und die Prinzessin im Fernseher getan hatten?"
Am nächsten Tag lief sie dem Vater einige Male hinterher, bis er endlich Zeit hatte auf ihre Frage zu antworten. „Papa! Papa! Ich will dich was fragen? Küsst du die Mama manchmal ganz heimlich?"
Es kam nur eine kurze Antwort: „Deine Mutter geht lieber in die Kirche. Und jetzt geh du spielen!"

July lernt dazu und neue Freunde kennen

Nach den Weihnachtsferien besuchte sie am Vormittag wieder regelmäßig, wenn auch mit großem Widerstreben, den Kindergarten.

„Die Katze kannst du nicht mit in den Kindergarten nehmen", sagten ihr Mutter und Veronika.
Julys Augen füllten sich mit Tränen und sie begann zu weinen.
Die Mutter blieb ungerührt: „Nein July, sei vernünftig, die anderen Kinder machen sie dir kaputt."
July ließ sich nur unwillig die Haare zu Zöpfen flechten und zog vor dem großen Spiegel am Frisiertisch im Elternschlafzimmer Grimassen, während die Mutter mit ihr schimpfte.

An manchen Tagen weigerte sie sich beharrlich, an den Spielen und Bastelarbeiten im Kindergarten teilzunehmen. July wusste ja, dass ihre verstorbene Freundin Nora am Nachmittag in ihrem Geheimversteck auf sie und ihre Katze Norika wartete, um zusammen mit ihnen zu spielen.
Die anderen Kinder kümmerten sich nicht weiter um sie, doch Schwester Horatia redete immer wieder eindringlich auf sie ein und forderte sie zum Mitmachen auf.
July brach in Tränen aus.
„Julia, du darfst dir das alles nicht so zu Herzen nehmen. Sei ein braves Mädchen. Nora schaut vom Himmel herunter auf dich."
Doch auch das *In die Ecke gestellt werden*, half nichts.
Schließlich wandte sich Schwester Horatia nach der Frühmesse an Julys Mutter und deren Tochter Veronika, um mit ihnen über Julys Verhalten zu sprechen.
„July, July, so geht das nicht weiter!"
„Warum ist das Kind nur so verstockt!"

Die Mutter und Veronika sahen das Mädchen vorwurfsvoll an.
Wie hätte ihnen July erklären sollen, dass ihr etwas die Kehle zuschnürte. Dass sie ihre Freundin Nora im Kindergarten unendlich vermisste. Und dass dann zuhause Nora auf sie wartete und July befürchtete, sie könne mehr und mehr von ihr gehen, wenn sie sich eine neue Freundin suchte.
So behalf sich July mit Ausreden, die Kindergartenlieder seien blöde und Schwester Horatia sei gemein zu ihr.
Die Mutter war erbost: „July, July, dass du dich nicht schämst!"
„Und meine Haare will ich offen tragen, ich will die dummen Zöpfe nicht," quengelte das Mädchen weiter.
„Das kommt überhaupt nicht in Frage! Schlag dir das aus dem Kopf!"
„Und die blöde Schürze will ich nicht!"
„Hochmut kommt vor dem Fall!"
„Aber ich mag sie nicht!" July Stimme kippte.
„Sei nicht ungezogen! Alle Kindergartenkinder tragen Schürzen!", schalt Veronika.
July stampfte mit dem Fuß auf: „Aber Prinzessinnen nicht!"
Die beiden Frauen verdrehten gleichzeitig die Augen und warfen sich ihren – diesmal stummen – *Oh-Gott-Blick* zu, wie sie es immer machten, wenn sie mit etwas nicht einverstanden waren.
„Was, um Himmelswillen, ist denn in July gefahren!"
„Das muss das Trotzalter sein."
„Ich sage immer, dass Papa sie zu sehr verwöhnt."
Erst mit der Androhung, sie müsse auch am Nachmittag den Kindergarten besuchen, wenn weitere Klagen kämen, gab sich July geschlagen und nahm wieder an den Spielen teil. Sie merkte dann auch, dass die Zeit schneller verging, wenn sie bei den Singspielen und Bastelarbeiten mitmachte, anstatt in der Ecke zu stehen.
Doch das ständige Bauchweh am Morgen vor dem Kindergartenbesuch und die Angst vor Schwester Horatia blieben.
Auch eine enge Freundin fand July nicht.

In einem der Nachbarhäuser in Julys Straße wohnten Zwillinge, ein Junge und ein Mädchen namens Max und Heidi, die schon zur Schule gingen.
Sie spielten oft auf dem Gehsteig vor dem Haus mit Murmeln und July stellte sich dazu. Sie könne mitspielen, aber sie müsse erst beweisen, ob sie mutig sei, sagten sie ihr.
July fragte ihren Bruder Theo, ob er sich mit *Murmel spielen* und den Nachbarn auskenne.
Theo runzelte kurz die Stirne und meinte, dass diese Leute sehr arme Leute seien. Der Vater sei *abgehauen* und deren Mutter müsse in der nahen Fabrik arbeiten. Eine Oma wohne mit im Haus und kümmere sich tagsüber um sie.
„Spiel da ruhig mit, da lernt du was!", grinste er.
July kam dann jeden Tag zum Murmelspiel dazu.
Max und Heidi hatten noch viele andere Einfälle, wie man sich die Zeit vertreiben könne.
July war von den für sie ungewöhnlichen Ideen und neuen Spielen ebenso fasziniert, wie von der immer etwas schmuddeligen Kleidung der Zwillinge. Von ihnen lernte sie, nicht nur hinter dem Rücken der Kindergartenschwester Grimassen zu schneiden, in die Ecken zu spucken und mit dem Risiko umzugehen, dass die anderen Kinder sie hin und wieder verpetzten. Sie erfuhr, dass verbotenes Tun und so Manches, was die Mutter *unanständig* nannte, sogar Spaß machen konnte.
Sie lernte an fremden Türklingeln zu läuten und schnell wegzurennen oder gesammelten Hühnerdreck auf die Treppenstufen von Hauseingängen zu legen, laute Pupse zu lassen und nach dem Trinken von Orangenlimonade heftig zu rülpsen.
Sogar zerdrückte Ameisen wagte sie mit Hilfe der Zwillinge in die Schnupftabaksdose des Onkels zu schmuggeln.
Einmal stachen sich Max und Heidi gegenseitig mit einer spitzen Nadel in den Zeigefinger der rechten Hand und wollten es auch bei July tun. Sie verzog das Gesicht, aber die Zwillinge sagten, das müsse sein, weil sie dann zusammen eine Bande seien. Widerstrebend willigte July ein.

„Jetzt müssen wir das Blut vermischen!", ordnete Max an. July musste zuerst die Blutstropfen an deren Finger ablecken, dann taten es auch Max und Heidi bei ihr.

„Jetzt sind wir echte treue Freunde," sagten die Zwillinge zu July und klopften ihr begeistert auf die Schulter.

Von Theo erfuhr sie schließlich, dass Winnetou und Old Shatterhand auch Blutsbrüder geworden seien, aber wie sie das gemacht hatten, wolle er nicht sagen. Das sei nichts für kleine Mädchen, meinte er.

Zuweilen regten sich einige Schuldgefühle bei ihr und kribbelten in ihrem Bauch, weniger wegen dieser sogenannten *unanständigen* Spiele, sondern weil sie sich nicht mehr so häufig mit ihrer Freundin Nora in dem geheimen Versteck unter dem Klavier unterhielt.

Diese praktische Lebenshilfe der neuen Freunde hatte jedoch bald ein Ende.

Eines Nachmittags schlich sich July mit ihren zwei Freunden ins Badezimmer des Gruberhauses, um ihnen eine echte, richtige Badewanne in einem Badezimmer zu zeigen.

Max und Heidi hatten einen Brunnen im Hof, von dem sie das Wasser mit einem Eimer in die Küche tragen mussten, wo es zum Waschen von Gesicht und Händen in eine alte Waschschüssel, an der das Email schon an vielen Stellen abgesprungen war, gegossen wurde. Was ein Badezimmer mit einem Badeofen und einer großen Wanne sein solle, wüssten sie nicht, erklärten sie July.

Ganz vorsichtig, um das Knarzen des Holzes zu vermeiden, stiegen alle drei die Stufen der Treppe hoch, wobei die Zwillinge den *Inri* am Kreuz bestaunten, ihm eine lange Nase drehten, kicherten und mit July im Badezimmer verschwanden.

Neugierig probierten Max und Heidi den Wassereinlauf an beiden Wasserhähnen aus, um die Badewanne füllen. Etwas enttäuschend war, dass der unter der Woche nicht geheizte Badeofen kaum mehr warmes Wasser hatte.

„Ist doch schnurzegal, wir sind doch keine weichen Memmen!", meinte Max. Heidi entdeckte ein Paket mit runden

Scheiben, *Fichtennadel Badetabletten* stand auf dem obersten geöffneten Päckchen. Sie nahm den Rest davon und warf ihn in die Wanne. Das Wasser sprudelte in grüner Vielfalt und Max johlte: „Wir sind jetzt Krokodile!"
Bevor ein Viertel der Badewanne gefüllt war, hatten sich die Zwillinge nackt ausgezogen und lagen in dem grünen Sprudelwasser. Sie schrien, spritzen und lachten.
July stand unschlüssig da und kaute an den Fingernägeln. Gerade, als sie auch ausziehen wollte, kam Mutter Gruber dazu, herbeigerufen durch den Lärm und das Gejohle, und machte dem *Unheiligen Garaus*, wie sie es nannte, ein Ende.
Als die Zwillinge verschwunden waren, gab es eine lange Predigt.
„Wehe! Ich erwische dich nochmal mit den beiden Früchtchen," schimpfte die Mutter. „Diese grässliche Spuckerei muss ein Ende haben! Und laute Pupse! Das ist unanständig. Und meine Badetabletten vergeuden! Und dann noch nackt in der Badewanne! Das ist die größte Schande! Schäm dich! Keines von deinen Geschwistern hat so was jemals gemacht!"
Dann stürzte sie mit July an der Hand in die Werkstatt.
Energisch forderte sie ihren Mann auf, dass er jetzt ein Machtwort sprechen müsse. Schließlich sei er für die Erziehung von July mitverantwortlich.
Julys Vater hatte von ihrem Wortschwall nur die letzten zwei Sätze im seinem Kopf behalten und grinste.
Geräuschvoll ließ er einen fahren und meinte: „Pupsen ist mindestens so gesund wie Beten."
Worauf ihn seine Frau als *Pharisäer* und *Stinkerjohann* bezeichnete und schimpfend mit July an der Hand die Werkstatt verließ.
Am nächsten Tag passten die Zwillinge July ab, als sie mittags vor dem Haus stand.
July hatte ein leichtes Bauchdrücken, als sie sich einverstanden erklärte, ihnen das Badezimmer noch einmal zu zeigen.
Heimlich schlichen sie die Treppe hoch und an *Inri* vorbei.
July schaute kurz zu ihm hoch, aber er zeigte keine weitere Regung oder Warnung in seinem schmerzvollen Blick.

Oben am Ende der Treppe stand – mit bitterböser Miene – Julys Mutter.
Diesmal waren die Zwillinge sehr schnell weg.
July weinte, als sie versprechen sollte, ihre beiden Freude nicht mehr zu sehen.
„Keine Widerrede!", befahl die Mutter.
„Aber es sind doch meine Freunde! Und Freunden muss man treu sein!", weigerte sich das Mädchen. Und sie haben doch kein Badezimmer."
Schließlich schleppte die Mutter July in die dunkle Nische unter der Treppe und verabreichte ihr mit dem Kochlöffel einige tatkräftige Hiebe auf den Po.
Es waren die ersten, richtigen festen Hiebe in Julys Leben. Sie schrie wie am Spieß. Die Schläge schmerzten weniger als das strikte Verbot, sich mit Max und Heidi noch einmal zu treffen.

Am Familientisch aß sie weiterhin wenig und spielte lieber mit Gabel und Löffel. Wie immer gab es viel Arbeit und so war, außer ihrer Mutter, niemand beunruhigt.
Heimlich nahm sich July aus den Backvorräten große Staubzuckerwürfel, ließ sie im Mund zergehen oder leckte sie ab, bis sie sich auflösten.
Zum Glück gab es jede Menge davon, weil Mutter und Schwester häufig Kuchen backten.
„July hat sich verändert, ich mach mir Sorgen!", begann Julys Mutter, während sie die Brotzeit in die Werkstatt brachte, wo einige Kunden warteten.
„Alle Kinder verändern sich," entgegnete ihr Mann kurz und wandte sich wieder den Kunden zu.
Julys Mutter beschloss, ihr wieder etwas mehr Zeit zu widmen und las ihr am Abend vor dem Nachtgebet aus dem Büchlein *Das Wunder von Lourdes*, welches sie von einer Pilgerfahrt mitgebracht hatte, vor.
Auch wenn July nur wenig von dem verstand, was sie vorgelesen bekam, war sie doch glücklich, dass die Mutter länger als sonst bei ihr am Bett saß.

Zudem erhielt July statt des üblichen Weihwassers jetzt Wasser aus einem *geheimnisvollen* Fläschchen auf die Stirne. Die Mutter gab einige Tropfen in die eigene Hand und bekreuzigte dann damit Julys Stirn.
„Jeder der Tropfen ist heilig! Das ist geweihtes Wasser von einem *Gnadenort*!", sagte sie ehrfürchtig.
„Das muss wohl echtes *Prinzessinnenwasser* sein!", dachte July und schlief friedlich ein.

Veronika heiratet

Die Hochzeit von Veronika rückte näher. Das Aufgebot hing schon in der Kirche aus.

„Sie wird jetzt bald eine Braut und bekommt ein Hochzeitskleid", sagte Mutter auf Julys Frage, warum Veronika keine Zeit mehr zum Märchenvorlesen habe.
Beim Mittagessen kam in Abwesenheit der Mutter ein neues Thema auf den Tisch.
Zum dritten Mal in der Woche aß Veronika ihren Teller nicht leer.
„Seit Veronika eine junge Braut ist, hat sie gar keinen Hunger mehr!" In Vaters Miene blitzte der Schalk auf. „Ob das die Schmetterlinge im Bauch machen?"
„Sie muss Diät halten, damit das Hochzeitskleid passt!", konterte der Onkel anzüglich und Theo orakelte: „Schau nur, dass du nicht an den falschen Stellen abnimmst, sonst übersieht dich dein Liebster noch vor dem Altar!"
Veronika stand verärgert auf: „Ich hab einfach keinen Hunger, ihr Blödmänner! Müsst ihr immer alles durch den Kakao ziehen?"
Bevor sie einer zurückhalten konnte, hatte sie die Küche verlassen.

Ihr Versteck zwischen Klavier und Vitrinentür im Wohnzimmer konnte July nicht mehr benutzen, denn hier wurde umgeräumt und renoviert für die Hochzeitsfeier.
Heimlich richtete sie sich unter dem Ehebett der Eltern ein Lager mit Decken ein, wo sie sich unbemerkt mit ihrer Stoffkatze Norika verstecken konnte.
Jeden zweiten Tag kam die Schneiderin ins Haus.
Mutter, Schwester und eine für July neue Tante namens Hilde, eine weitere Kusine der Mutter, waren stundenlang mit der Auswahl von Stoffen und dem Anprobieren in der Schnei-

derwerkstatt oder im Elternschlafzimmer vor dem großen Spiegelschrank beschäftigt.
In ihrem neuen Versteck spielte July mit Norika zusammen das neue Spiel *Detektiv*.
Detektive gab es im Kino, das wusste sie.

Im Städtchen war der alte Kinobau wieder eröffnet worden und jeden Samstag Abend und Sonntag Nachmittag fand eine Filmvorführung statt, die ihre Brüder oft besuchten. July hatte sie über einen Film mit Detektiven, einem Emil, einem Dieb und einer Bande reden hören, als sie noch ihr Versteck im Wohnzimmer benutzte. Neugierig hatte sie dem Gespräch der Brüder gelauscht und sich nicht bemerkbar gemacht.
„Das nächste Mal schauen wir einen richtigen Gangsterfilm an," hatte Theo zu Thomas gesagt, bevor sie den Raum verließen.
Was Gangster waren, hatte July nicht mehr erfahren. Aber sie hatte schnell begriffen, dass Detektive mutig waren und belohnt wurden. Ob Detektiv zu sein wohl besser war als Prinzessin zu sein?
„Was macht ein Detektiv, wenn er jemand fangen will?", fragte sie Thomas und Theo, als beide im Hof standen und rauchten.
„Wenn ihr es mir sagt, verrate ich auch nicht der Mama, dass ihr geraucht habt!"
Ihre Brüder lachten und zuckten die Schultern.
„So arbeiten Detektive!", sagte dann Thomas. „Wenn man einer Sache auf den Grund gehen will, muss man immer viel fragen und gut zuhören."
„Und dann kommt alles heraus! Dann weiß ein guter Detektiv alles", ergänzte Theo.
Jetzt lag July auf der Lauer – unter dem Elternbett in ihrem Deckenversteck.
Es waren laute Schritte auf der Treppe und Stimmen zu hören. Tante Hilde und Mutter kamen ins Zimmer.
„Hat denn die Hochzeit so schnell sein müssen?", fragte die Tante.

„Was hab ich nur falsch gemacht! Dass meine Tochter mir das antun konnte!" Die Stimme von Julys Mutter ging in ein Weinen über. „Und dann auch noch mit einem *Andersgläubigen*!"
„Die Folgen muss sie selbst jetzt tragen," kam von der Tante. „Es geht mich ja nichts an, aber zu meiner Zeit ... "
Julys Mutter unterbrach sie und ihre Stimme senkte sich zu einem Flüstern: „Die Schneiderin braucht nichts zu wissen, es bleibt bei Weiß. Eine andere Farbe kommt nicht in Frage. Was sollen die Leute sagen! So eine Schande!"
Den Rest des Gesprächs konnte July nicht mehr verstehen. Doch bevor die beiden Frauen das Zimmer verließen, hörte July noch die Mutter sagen, dass man alles versuchen müsse, um Andersgläubige zum wahren Glauben zu bekehren.
Weiß war eine Kleiderfarbe, die July nicht mochte, da sie nie weiß blieb.
Und auch das Wort *Andersgläubige* beschäftigte sie. Waren damit die Russen gemeint, über die der Onkel immer so schimpfte?
„Jetzt sind wir geheime Detektive und gehen der Sache auf den Grund!", sagte sie leise zu Norika. „Theo und Thomas haben gesagt, dass Detektive immer viel fragen müssen."

Am nächsten Tag beim Mittagessen, nachdem jeder endlich etwas auf seinem Teller liegen hatte, schaute July in die Runde und fragte zur Überraschung aller, ob denn die Russen *Andersgläubige* seien.
Erst einmal war erstauntes Schweigen am Tisch.
Der Onkel kaute und murmelte: „Jeder Schuss ein Russ!"
Heftig boxte ihn Theo in die Seite, um ihn am Weiterreden zu hindern.
„Du bist noch zu klein, um das zu verstehen!", sagte der Vater.
Doch July fragte weiter.
„Mama! Kommt ein Andersgläubiger in die Hölle?"
„Das Kind weiß nicht, was es sagt!", meinte die Tante konsterniert.

Die Mutter überlegte kurz, dann sagte sie: „Auch ein Andersgläubiger findet Gott und die Gottesmutter. Er ist nur nicht in unserer Kirche getauft."
„Warum heiratet denn Veronika den Josef, wenn er doch ein Andersgläubiger ist?", July gab nicht nach.
„Sie hat keinen anderen gekriegt, den sie hereinlegen konnte", scherzte der Onkel, was ihm diesmal eine Zurechtweisung vom Vater eintrug: „Immerhin kann er eine Familie ernähren!"
„Lasst mich zufrieden und kümmert euch um eure Dinge!", zischte Veronika giftig und stocherte mit ihrer Gabel sichtlich verärgert im Karottengemüse auf ihrem Teller herum.
Für die Tante war das Thema noch nicht beendet: „Bekommt er nicht sogar später eine Pension? ... Zu meiner Zeit ... "
Der Rest ihrer Worte ging im Gehuste der Zwillingsbrüder unter.
July zog die Stirn kraus und machte einen neuen Anlauf.
„Warum muss eine Braut ein weißes Kleid tragen?", wollte sie wissen.
„Das ist eben so bei Hochzeiten und jetzt iss weiter, sonst wird alles kalt." Der Mutter wandte sich ab, die Fragerei war ihr lästig.
Aber July gab nicht nach: „Hellblau ist doch viel schöner als Weiß! Warum kann Veronika nicht ein hellblaues Kleid tragen?"
„Ein Brautkleid *muss* weiß sein!", kam Tante Hilde zu Hilfe, nichtsahnend, dass inzwischen fast jeder in der Familie *das Geheimnis* kannte. „Denn die Braut soll zeigen, dass sie so weiß und rein wie eine Lilie ist und keusch in die Ehe geht", fügte sie hinzu und faltete sichtlich bewegt die Hände.
Die nachfolgende Stille war trügerisch und boshaft.
„Bei Veronika war der Lenz schon da!", reagierte der Onkel als erster. „Sie hat den Frosch wohl zu heftig geküsst!"
„Darauf trinken wir einen!", gluckste der Vater und goss sich den Rest Bier aus dem großen Bierkrug ein.

Die Brüder grinsten frech und sagten: „Weiß macht blass, und hellblau ist nicht modern. Warum nehmt ihr nicht eine andere Farbe für das Brautkleid?"
„Hängt denn nach der Hochzeitsnacht jemand dann das *lilienweiße Bettlaken* aus dem Fenster raus? Und hat das dann rote Farbflecken, etwa ... vom Rotwein?", feixte der Onkel.
„Aber Hellblau doch viel schöner als Rot oder Weiß, nicht wahr, Veronika?", beharrte July und schaute verwirrt in die Runde.
„Um des lieben Friedens Willen", begann Julys Mutter, während sich Veronika abrupt vom Stuhl erhob und schrie: „ Ferkel seid ihr alle! Das werd ich euch nie verzeihen!"
Sie drehte sich um und verließ heulend die Küche.
Julys Mutter, inzwischen selbst erbost, schlug heftig mit dem Kochlöffel auf den Tisch und rief: „Der Herrgott sieht alles. Auch euren Spott und Hohn!"
Dann eilte sie ihrer Tochter hinterher.

Noch am gleichen Tag kam man überein, dass kein Wort nach außen dringen durfte.
„Es geht um die Familienehre! Und ihr haltet besser euer loses Mundwerk", schärfte Julys Mutter dem Onkel und ihren Söhnen ein.
„Darf man denn gar nichts mehr sagen!", nörgelte der Onkel. „Deine Tochter ist doch die Sünderin! Nicht ich!"
„Schluss jetzt!" Julys Mutter überhörte die Anspielung und verbat sich jegliche Art von weiteren anzüglichen Bemerkungen.
„Immerhin hat Herr Kraus eine gute Stellung bei der Post und kann eine Familie ernähren. Das ist eine wichtige Voraussetzung für eine gute Ehe. Und wichtig ist, dass Veronika ihrem Josef gut ist!", fügte sie hinzu.

Während der nächsten Zeit war ein emsiges Kommen und Gehen. Wohnräume und Inventar wurden einer Reinigung unterzogen und die Gästezimmer hergerichtet. Die Aussteuer von Veronika wurde zusammengestellt. Verwandte trafen ein,

die July noch nie gesehen hatte. Köstliche Düfte nach Backwerk und Braten durchzogen die Stockwerke. Geschenke kamen herein, Kuchen und Krapfen gingen hinaus.
Es schien, als wolle das ganze Haus heiraten.
„Nun kommt mal endlich Leben in die Bude", sagte Julys Vater, der gerne Gesellschaft hatte und rieb sich die Hände.
Für July vergingen diese Tage wie in einem Traum.
Detektiv spielen, war erst einmal Nebensache.

Am Hochzeitstag ihrer großen Schwester durfte sie ein Brautmädchen sein und bekam ein weißes Körbchen mit vielen Rosenblüten, die sie auf dem Weg vor und nach der Kirche verstreuen sollte.
Für July war ein hübsches rosafarbenes Kleid geschneidert worden. Auf ihrem Kopf saß ein Kränzchen mit weißen und rosa Blüten, das auf einem weißen Haarreifen befestigt war. Sie trug weiße Strümpfe und weiße Schuhe wie die Braut und ein kleines weißes Jäckchen dazu, das ihr Tante Katrin gehäkelt hatte.
Dass sie schon alle Blüten auf dem Weg zur Kirche verstreut hatte, tat ihrer Freude keinen Abbruch, denn sie konnte ihr Glück kaum fassen, dass sie endlich wie eine richtige Prinzessin gekleidet war.
Alle Gäste hatten feine Kleider an.
Doch so ein schönes weißes Kleid, wie Veronika es trug, hatte sie noch nie gesehen. Auf ihren dunklen Haaren waren ein weißer Blütenkranz mit einem weißen Schleier befestigt. Auch der Bräutigam, mit seinem schwarzen Frack, dem weißen Hemd darunter und mit der weißen Fliege um den Kragen, war eine stattliche, markante Erscheinung.
Herr Kaiser, ein *Kartbruder* von Julys Vater, war am Abend mit seinem Akkordeon gekommen und spielte darauf Trinklieder, Wirtshauslieder und sogar neue Schlager von Peter Alexander und Freddy Quinn.
Der Bräutigam und die Braut eröffneten den Tanz, und alle klatschen und waren heiter. Keiner sagte, dass July ins Bett müsse.

Sogar ihre Mutter tanzte mit Vater und lachte dabei.
Theo und Thomas fassten July an den Händen und machten mit ihr *Engelchen flieg.*
Später war July ins Bett gebracht worden, ohne dass man ihr das Blütenkränzchen auf ihren Haaren weggenommen hatte.

Schon früh am Morgen erwachte July. Die Eltern schliefen tief. Vater schnarchte.
Ihr Krönchen aus rosa und weißen Blüten lag auf ihrem Kopfkissen. Sie nahm es behutsam in die Hände und schlich sich leise im Nachthemd vom Schlafzimmer in das Wohnzimmer, wo man die Hochzeit gefeiert hatte.
Dort drehte sie sich mit dem Krönchen auf ihrem Kopf im Kreis und tanzte und sang ihre eigenen Hochzeitsmelodien.

Abschiede

Die Hochzeit war vorbei. Die Gäste reisten wieder ab.

Die vielen Geschenke der Verwandten und Nachbarn lagen ausgepackt auf dem Wohnzimmertisch und wurden von Veronika und der Mutter begutachtet.
Die gewohnte Familienkonstellation sollte sich jetzt verändern, denn Veronika wollte nach der Hochzeit mit ihrem Mann in eine Stadt nach Oberbayern ziehen.
Julys Mutter war zwar insgeheim erleichtert, dass sie dadurch dem Gerede der Nachbarn entgingen, wenn die Leibesfülle der schwangeren Veronika zu schnell anwachsen sollte. Dennoch ließ sie ihre älteste Tochter nur schweren Herzens ziehen. „Ach ja! Veronika wird mir freilich sehr fehlen", sagte sie seufzend, „doch eine Frau gehört zu ihrem Mann!"

Der Tag von Veronikas Abreise kam. Ihr Mann Josef hatte den gemieteten Lieferwagen bereits vollgeladen und saß schon am Steuer. Während ihre Mutter ins Taschentuch schnäuzte und die Zwillingsbrüder, Theo und Thomas, einige witzige Abschiedsworte zusammensuchten, zeigte Vater Gruber seine Rührung auf seine Weise. Er nahm seine Älteste in den Arm, schwenkte sie umher und sang: „Schön ist die Jugendzeit, sie kommt nicht mehr."
Keinem war aufgefallen, dass July fehlte. Erst als das frisch vermählte Paar abgefahren waren, wurde die Mutter aufmerksam und drehte sich suchend um: „Wo ist denn unsere July?"
July mochte keine Abschiede. Sie war mit Stoffkatze Norika im Arm in die Scheune zu ihrer Schaukel gelaufen, wiegte sich auf dem Sitzbrett hin und her und sprach tröstend auf ihre Katze ein: „Du musst nicht weinen! Veronika ist nur weggezogen, sie ist nicht im Himmel!"
Der Vater entdeckte sie schließlich. Er ging leise wieder in die Werkstatt zurück, ohne sich bemerkbar zu machen.

„July schaukelt in der Scheune. Sie kommt dann schon."

Nach Veronikas Abreise machte Vater Gruber beim Mittagstisch einen Vorschlag: „Veronikas Zimmer ist jetzt frei, da wird sich unsere July aber freuen!"
Er verstummte, denn schon brach July in Tränen aus und weigerte sich auch die nächsten Tage lautstark, aus dem elterlichen Schlafzimmer auszuziehen.
Der Plan wurde dann wieder fallengelassen.
„Vorläufig nicht!", sagte Mutter Gruber und einigte sich mit ihrem Mann auf einen Tausch des Bettgestelles. „Das Kind hat doch schon so viel mitgemacht! Es braucht noch die Nähe der Mutter in der Nacht."
Das Kinderbett, das quer zu Füßen des elterlichen, in der Mitte geteilten Ehebetts stand, wurde entfernt und Julys neues Bettgestell links neben das Ehebett an die Seite ihrer Mutter gestellt.
Zwischen ihrem und dem Bett der Mutter stand ein Nachtkästchen, das beladen war mit verschiedenen Gebetbüchern und vielen anderen Büchern von Heiligen. In den meisten Büchern steckten Heiligenbildchen von den *Vierzehn Nothelfern* als Lesezeichen, um Wichtiges nachzulesen. Neben der Nachttischlampe lagen ein schwarzer und ein weißer Rosenkranz, beide mitgebracht von einem südbayrischen Wallfahrtsort.
Über dem Nachtkästchen hingen – als Relieftäfelchen – die *Betenden Hände* von Albrecht Dürer.
In einem kleinen messingfarbenen Behälter, der an der Wand neben der Tür hing, befand sich das Weihwasser. Vor dem Einschlafen und am Morgen vor dem Verlassen des Zimmers nahm die Mutter eine kleine Bürste oder einen grünen Zweig aus dem Behälter und besprengte sich und July mit dem geweihten Wasser.
„Dein Schutzengel kann dich dann besser riechen und vor Gefahren behüten", erklärte sie und warf einen inbrünstigen Blick an die Zimmerdecke, als würde sie ihn auffordern wollen, seiner Pflicht nachzukommen.

Manchmal, wenn July beim Zubettgehen ihrer Mutter aufwachte, sah sie, wie sie den Rosenkranz vor dem Einschlafen in ihre Hände nahm, mit ihren Fingern die Perlen drehte und dabei schweigend mit geschlossenen Augen ihre Lippen bewegte. Dass ihr Vater daneben im zweiten Bett lag, hörte sie an den pfeifenden Schnarchtönen.

Eines Morgens wartete July vor der Werkstatt im Hof auf die Mutter, die sie zum Kindergarten bringen wollte. Sie hörte die Stimmen der Eltern und lauschte
Thomas sollte nicht im elterlichen Betrieb bleiben, sondern für ein Jahr bei einem befreundeten Kollegen arbeiten und auch dort wohnen. Alles verstand sie nicht, doch sie schnappte noch die Worte des Vaters auf: „Dort werden sie ihm seine Faxen austreiben. Und sein *Herumpoussieren* und *Nachstelzen*!"
„Muss Thomas weg, weil er soviel raucht?", fragte July ihren Bruder Theo. „Ich muss jetzt auf den *Lokus*", erwiderte er.
Mehr war nicht aus ihm herauszubringen, und ihre Eltern wagte sie nicht zu fragen.
Beim Mittagessen meinte der Vater beiläufig: „July, du darfst dann auch einmal im Bett vom Thomas schlafen!", während die Mutter reserviert äußerte: „Da muss sie die nächste Zeit aber sehr brav sein!"

Theo hatte das Schlafzimmer der Brüder jetzt für sich allein.
Von der Altane, wie Mutter das nannte – eine Art überdachter Balkongang mit Fenstern – konnten die Brüder über eine Strickleiter, die sie in ihrem Zimmer verbargen und mit Haken an dem hölzernen Querbalken unterhalb der leicht von außen zu öffnenden Fenster befestigen konnten, unbemerkt in den Hof gelangen und über das Hoftor die Straße erreichen.
Thomas konnte in der Nacht gehen und kommen, ohne den Hauseingang zu benutzen und die Eltern, besonders die Mutter, die einen leichten Schlaf hatte, bemerkten nicht, wann er zurückkehrte.

July hatte beobachtet, dass Thomas am Sonntagmorgen, wenn die Eltern länger schliefen als gewöhnlich, sie aber schon wach war und ihr Bett bereits verlassen hatte, oft erst in den Morgenstunden über die Strickleiter hochkletterte, während ihr Bruder Theo schon lange im Bett schnarchte.
Vormittags sah sie Thomas oft mit dem Onkel in der Ecke des Hofes, wo sie flüsterten und heimlich eine Zigarette pafften.
Einmal kam July näher und spitzte ihre Ohren, aber verstand nur noch die Worte: „Du Gott verdammter *Mädchenschmecker*! Warst du wieder auf deinen Streifzügen!"
Dann sah sie, wie der Onkel sein unrasiertes Gesicht mit den grauen Bartstoppeln zu einem schiefen Grinsen verzog und Thomas auf die Schulter klopfte.
„July hau jetzt ab, aber dalli, dalli! Das ist nichts für kleine Mädchen, sonst schau ich nach, ob dein Unterhöschen noch sauber und dein Popo gewaschen ist!" grinste der Bruder und bevor er sie, wie so oft an den Haaren ziehen konnte, ergriff sie die Flucht.
„Die *schwadronieren* bloß dummes Zeug!", sagte die Mutter geistesabwesend, als sich July über die beiden Männer beschweren wollte. „Geh spielen, ich muss ins Geschäft!"
July wunderte sich oft, dass der Gottvater ihnen nicht einen Blitz oder Donner schickte. In den Bibelgeschichten, von denen Mutter manchmal erzählte, hatten sie das gemacht und die Sünder lagen dann vom Blitz getroffen auf der Erde. So sagte die Mutter es jedenfalls.
Was *schwadronieren* war, konnten ihr weder Theo noch die Nachbarin am Ende der Straße, die sie jetzt manchmal in den Kindergarten brachte, erklären.

Die Gallenkolik

Das Klima in Julys Elternhaus veränderte sich.

Es hatte viel geregnet. Aus einigen Abflussrohren und Abgüssen in Haus und Werkstatt kam ein fauler Geruch, den Mutter mit heißem Essigwasser bekämpfte.
Auch das Treppenhaus fing an, modrig zu riechen – so als wäre nasse Wäsche lange liegen geblieben.
Mutter und July schnüffelten herum und suchten in allen Ecken, aber fanden den Grund nicht heraus.
„Ach, die furchtsamen Weiberleute, ob groß oder klein! Vielleicht liegt irgendwo eine tote Maus. Oder mehrere Fledermäuse!", scherzte der Vater.

Eines Morgens stand Mutter Gruber nicht auf. Sie krümmte sich in ihrem Bett vor Schmerzen. Zu Tode erschrocken rannte July die Treppe hinunter zum Vater in die Werkstatt.
Der Arzt wurde verständigt.
Dr. Vogel kam dann endlich mit einer großen schwarzen Tasche in der Hand ins Haus und blieb längere Zeit bei Julys Mutter.
„Es ist wieder mal die Galle gewesen. Eine Kolik, wie schon so oft. Aber nicht so schlimm wie das letzte Mal, als July noch ein Baby war. Der Gallenstein ist zum Glück jetzt abgegangen", erklärte Dr. Vogel, als er aus dem Elternschlafzimmer die Treppe hinunterkam, wo Theo mit July an der Hand ungeduldig wartete. Er strich July sanft über den Kopf. „Du musst keine Angst haben. Deiner Mutter geht es schon besser."
Am nächsten Tag stand Julys Mutter wie immer am Morgen im Geschäft, wenn auch noch etwas blass im Gesicht.
Warum sie gestern nicht da gewesen sei und auch in der Frühmesse habe man sie vermisst, wurde sie gefragt.

Wortreich und ausführlich schilderte sie den Kunden, welche starken Schmerzen auf Grund der Gallensteine sie für Jesus ausgehalten habe, um sein Leid am Kreuz mitzutragen und auch für die Erlösung der Sünden der Menschheit.
„Liebe Frau Gruber, essen Sie ein Stück von meinem Rührkuchen, den hab ich extra für Sie gebacken", sagte dann eine Nachbarin.
Julys Vater kam dazu und nahm sich ein Stück. „Oh, ein Gesundheitskuchen! Lob für Sie, Frau Nachbarin, meine Frau könnte es nicht besser!", meinte er genüsslich schmatzend.

July machte jetzt weder Prinzessinnen- noch Detektivspiele.
Sie beobachtete Mutter und Vater mit Sorge.
Julys Mutter weinte häufig, sprach wenig, betete aber noch mehr als gewöhnlich.
Zwischen Julys Eltern fielen vermehrt barsche Worte.
Dauerthemen der Streitigkeiten, von deren Inhalt July das meiste nicht verstand, waren die Zukunft der Familie und die der Kinder, der regelmäßige Kirchgang, die Enthaltsamkeit, die Buchführung und die Kosten für das das neue Fernsehgerät. Ein unnötiger Luxus, wie Mutter schimpfte, den sich fast noch niemand in der Straße geleistet hatte.
„Ich will sehen, was in der Welt los ist. Herr je! Ich hau jetzt ab! Und du – bleib doch bei deinem Pfarrer in der Kirche!", schrie Julys Vater, schmetterte die Tür zu und machte sich kopfschüttelnd auf den Weg zu seiner Stammkneipe.
„Immer müsst ihr streiten. Ich mag das nicht!", beklagte sich July. „Haut Papa jetzt ab?"
„Der Papa schimpft halt gerne! Er meint es nicht so! Dein Vater und ich, ... wir sind beide überarbeitet."
Mutter strich sich über die Stirn und zog July die Treppe hoch. „Und du gehst jetzt ins Bett! Ich komme später."
July schlief unruhig.
Erst kam die Mutter ins Schlafzimmer, später der Vater.
Als sie das Schnarchen des Vaters hörte, fiel sie beruhigt in einen tiefen Schlaf.

Elsa, der Onkel und Tante Hilde

Es kam ein Dienstmädchen namens Elsa aus dem Nachbardorf zur Entlastung der Mutter ins Haus und wurde in Veronikas ehemaligem Zimmer untergebracht.

Elsa war rundlich und kleiner als Mutter und hatte ein freundliches Gesicht mit Grübchen in den Wangen.
„Besser sie schläft nicht auf der Etage vom Onkel", sagte die Mutter leise zu ihrer Kusine Hilde, die seit der Gallenkolik jetzt öfter zu Besuch kam. „Bei diesem *Judas* weiß man nie, was er im Schilde führt!"
Der Onkel nahm auf seine Weise an den familiären Auseinandersetzungen teil und ging auf seine Kontrollposten. Er suchte sich außer im Treppenhaus in der Nische, noch andere Lauschplätze, oft hinter den Türen.
In letzter Zeit lauerte er wieder häufig July unter der Treppennische auf, wenn niemand von der Familie in der Nähe war. Überraschend stand er plötzlich da und verzog seinen zahnlosen Mund zu einem Grinsen.
„Kleine, du weißt, dass ich dich nur beschützen will!"
Als sie ihn ungläubig anschaute, winkte er sie her und flüsterte ihr verschwörerisch zu: „Dornröschen! Soll ich dir ein Geheimnis verraten?"
Er rollte heftig mit seinen blass blauen, rot geränderten Augen: „Ich weiß, du bist ein kluges und mutiges Mädchen! Du weißt, was unter der Treppe ist, oder nicht?"
July trat einen Schritt zurück.
„Prinzessinnen mögen doch Geheimnisse!"
Es entstand eine Pause.
„Da wartet jemand und erfüllt dir jeden Wunsch."
„Eine gute Fee?", fragte July erwartungsvoll.
„Komm Prinzessin, ich zeige es dir!", kam als Antwort.
Schließlich siegte Julys Neugierde über ihre Angst und sie kam näher.

Der Onkel beugte sich zu ihr, legte seine feuchte Hand auf ihre Schulter und flüsterte ihr ins Ohr, dass unter der Treppe ein Indianer versteckt sei, der zeige sich nur kleinen Mädchen und wolle ihnen die Zöpfe abschneiden.
Als July sich widerstrebend krümmte und versuchte aus seiner Reichweite zu kommen, lockerte er seinen Griff, drehte sich um und verschwand so plötzlich wie er gekommen war.

July hatte böse Träume.
Sie schrie laut in der Nacht und durfte zu Mutter ins Bett kommen.
Auch am Tag hatte sie plötzlich Angst.
War da irgendwo ein Indianer, der ihr auflauerte?
Sie wandte sich an den Bruder: „Hast du schon einmal einen Indianer gesehen?"
„Manchmal spazieren sie aus den Büchern heraus," flachste Theo, „sie holen sich einen Skalp, den hängen sie dann an ihren Zelten auf!"
„Was ist ein Skalp?", wollte July wissen.
„Das ist nichts für kleine Mädchen!", grinste Theo, zog an Julys Pferdeschwanz und pendelte damit hin und her.
Am Abend versuchte die Mutter sie zu beschwichtigen, als sie nicht beten wollte und nur von Indianern und Skalps sprach und meinte: „Indianer sind nur in den Büchern, die bei den Brüdern im Bücherregal stehen."
„Aber der Onkel sagt, es ist einer unter der Treppe und der sei mir auf den Fersen!" –
„Unsinn!", sagte die Mutter empört. „Der Onkel ist ein Lügenbeutel. Und dort steht auch immer dein Schutzengel!"

Am nächsten Tag, vor dem Mittagessen, schaute die Mutter den Onkel streng an:
„Es ist eine Todsünde, ein kleines Mädchen so zu erschrecken! Hüte dich, denn der Herrgott sieht deinen Frevel! Mehr brauche ich dir wohl nicht sagen!"
Die Mahlzeit verlief im allgemeinen Schweigen.

Auf ihr weiteres Drängen hatte Theo July schließlich gesagt, dass ein Skalp die Haare vom Kopf seien und ergänzte, dass Indianer keinen lieben Gott, sondern nur einen großen Manitu hätten, und wer die meisten Skalps von den Feinden gesammelt habe, könne der Häuptling werden. Die Skalps hingen dann an den Zelten der Indianer, um böse Geister abzuschrecken.
Dann zeigte er auf die vielen Karl May Bücher in seinem Regal.
„Hat Mama die auch gelesen?", fragte sie den Bruder neugierig.
Die würde sich nur für Gebete und Gedichte interessieren, kam zurück.
„Dann muss er es wohl besser wissen als Mama", dachte July nicht wissend, wem sie denn jetzt Glauben schenken solle.
Ob der Onkel wohl ihre Zöpfe haben wollte? Oder ihren Skalp?
Wenn sie nun die Treppe abwärts ging, übersprang sie die letzten zwei Stufen, um schneller von der dunklen, gefährlichen Treppennische wegzukommen.
Beim Hinaufgehen beeilte sie sich besonders bei den ersten Stufen, um einem möglichen Angriff des lauernden Indianers oder des Onkels zu entkommen.
Die nächste Zeit stürzte sie einige Male auf die Knie, als sie vor lauter Hast die Stufen nicht mehr richtig traf. Die blauen Flecken vermehrten sich.
„Die blöden Mäuse unter der Treppe!", versuchte sie sich herauszureden, als die Mutter sie fragte, was denn los sei.
Erstaunt untersuchte Julys Mutter noch einmal die Nische mit den Vorratsschränken. Ihre Suche brachte nichts zutage außer einigen toten schwarzen Käfern.
„Vielleicht braucht das Kind eine Brille!", überlegte der Vater.
Julys Mutter war ratlos. „July, July! Das muss jetzt ein Ende haben! Mir wächst die Arbeit über den Kopf und du machst solche Geschichten. Du sagst mir jetzt sofort, was los ist. Keine Widerrede mehr!"

Da die Mutter aus dem Gestottere nicht klug wurde, zog sie das Kind kurzerhand unter die Treppe und leuchtete noch einmal alles mit der Taschenlampe aus. Dann kramte sie in der weiten Tasche ihrer Schürze, zog wie von einer Zauberhand ein Heiligenbild hervor und befestigte es mit einem Reißzweck an eine der Schranktüren.
„Der Heilige Antonius, der ist ein treuer Schutzpatron. Der hilft immer und ist jetzt mit deinem Schutzengel da unter der Treppe und passt auf! Und jetzt geh im Hof spielen, ich muss in den Laden."
Was ein Schutzpatron war, wusste July nicht so recht, aber sie war beruhigt zu sehen, dass dort neben den Vorratsschränken niemand stand, auch kein Indianer.

Mutter im Krankenhaus

Julys Mutter wurde erneut krank. Sie konnte am Morgen nicht aufstehen.

„Das sind wieder die Gallensteine, Ihre Frau muss sofort ins Krankenhaus! Stellen Sie sich auf eine Operation ein, Herr Gruber!", sagte Dr. Vogel und drehte an der Wählscheibe des Telefons, das seit einigen Wochen an der Wand zwischen Hauseingang dem Treppenaufgang angebracht worden war. Der laute Klingelton, wenn Anrufe kamen, erschreckte July immer wieder.
„Muss Mama jetzt auch auf den Friedhof?", schluchzte July und klammerte sich an den Arm des Bruder, als der Krankentransportwagen mit dem Sanitäter und der Mutter auf der Bahre daneben, abgefahren war, während der Arzt noch kurz mit Vater unter vier Augen gesprochen hatte.
Theo schluckte kurz und strich ihr übers Haar: „Die Mutter ist zäh, die ist in ein paar Tagen wieder daheim!"

„Wann besuchen wir die Mama endlich?", quengelte July unentwegt am nächsten Tag. „Papa, du hast es mir doch versprochen."
„Bald July", sagte der Vater. „Übermorgen bestimmt. Die Mama muss jetzt erst einmal viel schlafen, damit sie bald wieder gesund wird. Da dürfen wir sie nicht stören."

Einige Tage später war es soweit: Der erste Besuch bei Mutter im Krankenhaus.
Die fremden scharfen Gerüche auf der Krankenstation kitzelten in Julys Nase, und sie umklammerte aufgeregt Vaters Hand.
„Ihrer Frau geht es den Umständen entsprechend schon recht gut, Herr Gruber!", sagte die Stationsschwester.

Dann lächelte sie July an: „Und du bist die Kleinste in der Familie! Die Julia! Ich bin Schwester Elisabeth, und ich weiß noch, wie du auf die Welt gekommen bist. Das war auch hier, in diesem Krankenhaus. Du musst keine Angst haben, deine Mutter ist bald wieder gesund!"
July, die sich erst hinter ihrem Vater verstecken wollte, machte artig einen Knicks und gab Schwester Elisabeth die Hand.
Als sie das Krankenzimmer betraten und zu einem der sechs Betten geführt wurden, erschrak July. Die Mutter sah so blass und klein aus in dem großen weißen Krankenhausbett, ganz anders, als July sie in Erinnerung hatte.
„Schauen Sie mal, liebe Frau Gruber, wen ich Ihnen da mitbringe!", sagte Schwester Elisabeth.
Erst als die Mutter sich mühsam aufrichtete, ein Lächeln über ihr Gesicht huschte und „July, Papa!", rief, verlor July ihre Scheu und rannte auf das Bett der Mutter zu.
Mit Vater oder Elsa durfte sie die Mutter jetzt fast täglich besuchen. Die Schwestern im Krankenhaus waren freundlich und nett, schenkten July Bonbons und begleiteten die Besucher bis zum Krankenzimmer.
„Dass mir keine Klagen kommen!", sagte die Mutter manchmal zum Abschied.
In Julys Elternhaus war inzwischen wieder Tante Hilde eingetroffen.
Die Wunde heile recht gut, aber das Herz mache Probleme, hörte sie später ihren Vater zur Tante sagen.

Zuhause war jetzt vieles anders.
Mutter Gruber fehlte. An allen Ecken und Enden. Im Betrieb und Haushalt blieb manche Arbeit liegen.
Der Kindergarten war für zwei Wochen geschlossen worden. July freute sich, aber langweilte sich trotzdem ein bisschen: Keiner hatte Zeit für sie.
Tante Hilde übernahm mit Elsa die Haushaltspflichten und kam bald an ihre Grenzen, als sie einige Neuerungen einführen wollte. Bei den Männern stießen ihre gut gemeinten Vor-

schläge sofort auf Widerstand, ebenso bei July, die sich auf die Seite des Vaters schlug.

Schon früh am Morgen, vor Mutters großem Spiegel an der Frisierkommode, kam es zum Kampf zwischen den beiden, da Tante Hilde Julys Haar statt des inzwischen eingeführten Pferdeschwanzes zu Zöpfen flechten wollte.

„Meine Haare sind mein Schmuck, hat Papa gesagt. Da trauen sich nicht einmal die Indianer dran!"

„Ich sage nur: Hochmut wird bestraft und lange offene Haare sind nicht sittsam."

July entgegnete trotzig: „Aber Papa hat es mir erlaubt ... !

„Julia, ich sehe dir an der Nasenspitze an, dass du lügst. Und Lügner kommen in die Hölle. Das wirst du schon sehen!", schimpfte Tante Hilde. „Heute hab ich keine Zeit mehr, doch ab morgen trägst du Zöpfe."

„Tante, was sind denn eigentlich sittsame Haare?", hakte July nach.

„Keine Fragen jetzt mehr. Die Männer müssen jetzt ihr Frühstück haben."

Nachdem die Brotzeit der Männer beendet war und die Tante die Reste entsorgt hatte, standen beide im Innenhof und July freute sich auf ihre Schaukel und auf die neuen Kaninchen in der Scheune.

Da begann eine weitere Predigt.

„Julia, du weißt sicher, was mit Kindern passiert, die oft lügen!"

Als July nichts erwiderte, fügte sie hinzu: „Die werden stumm! Man darf nicht lügen. Das weißt du doch, nicht wahr! Und merk dir das! Hochmut und Eitelkeit sind des Teufels Werk und Sünde."

July wollte nichts davon hören.

Sie drehte sich im Kreis und tanzte wild.

Tante Hilde hielt sie am Arm fest: „Mittags, wenn die Glocke am Kirchturm zwölfmal schlägt und man gelogen hat, bleibt auch die Zunge stehen. Dann wird man stumm, besonders nach vielen Lügen und unkeuschem Tun. Das Zeichen der

Sünde, das der Himmel schickt, das sind die Ohrenhöhler, die krabbeln ins Ohr ... "
Mit hasserfüllter Miene zertrat sie dann mit ihrem großen Schlappen einen auf dem Hofboden.
July hörte zu tanzen auf. Sie zupfte erschrocken an Tante Hildes Schürze: „Wieso heißen die Ohrenhöhler?"
„Weil Kinder nicht alles hören sollen. Und wenn sie zu neugierig sind, dann gehen die Ohrenhöhler bei den Kindern in die Ohren und sperren sie zu!", kam als Antwort.
„Hast du auch Angst vor denen und was ist unkeusches Tun?", fragte July mit großen Augen.
Der Tante lief der Schweiß von der Stirne und sie sank auf einen der Gartenstühle vor der Werkstatt.
„Du fragst immer so viel," stöhnte sie. „Du bist so ein schreckliches Kind!"
July schnaufte tief und hielt sich die Ohren zu. Dann begann sie zu weinen: „Ich will keine Ohrenhöhler und ich habe nicht gelogen. Der Onkel und Thomas, das sind echte *Schlawiner*. Die lügen immer wie verrückt und sind so gemein und frech!"
Aus der Werkstatt war die Stimme des Vaters zu hören und Theos Lachen.
„Was treibt ihr da draußen, habt ihr Weiberleute nichts zu tun!"
„Tante Hilde lässt mich nicht zu den Kaninchen gehen!", rief July. „Weil ich so viel frage und wegen der Ohrenhöhler!"
Der Vater steckte seinen Kopf aus dem Fenster der Werkstatt: „Jetzt, lass doch das Kind spielen, Hilde!"
„Es ist kein Wunder, dass deine Mutter Gallensteine bekommen hat", fauchte die Tante July an und schüttelte den Kopf, bevor sie in die Küche zurückging.
Nach dem Nachtgebet *Müde bin ich geh zur Ruh', schließe meine Äuglein zu*, fügte July jetzt immer noch den Wunsch hinzu: „Lieber Gott, bitte mach, dass die Mama schnell wieder gesund wird!"
„Wann kommt die Mama endlich wieder heim?", fragte sie ihren Vater, wenn sie mit Elsa oder der Tante vom Krankenhausbesuch zurückkam.

„Bald, mein Kind. Mamas Bauch braucht halt noch Ruhe und Zeit zum Zuwachsen", erklärte ihr der Vater immer wieder geduldig.
July schwieg und und biss sich auf die Lippen.
Trotzdem blieben ihre Besorgnisse. Die große Wunde am Bauch der Mutter mit den schwarzen Fäden ging ihr nicht aus dem Kopf.
In ungewohnt offener Weise hatte Julys Mutter das Pflaster an einer Stelle etwas gelockert, um die beeindruckende Wunde Mann und Kind zu zeigen, und hatte July damit einen gehörigen Schrecken eingejagt. Das Mädchen beobachtete die Mutter in ihrem Krankenbett und suchte sorgfältig nach Anzeichen, ob sie wieder größer aussah und mehr Rot auf ihre Wangen kam so wie früher.
Was wäre, wenn Mutter nicht mehr gesund werden würde?
Bei Aschenputtel und Schneewittchen war die richtige Mutter gestorben. Alle beide hatten eine schrecklich böse Stiefmutter bekommen. Und noch schlimmer war es Sterntaler ergangen, dessen Eltern beide im Himmel waren! Wer würde dann – sie selbst – die July versorgen? Was wäre, wenn die Tante ihr wirklich alle Lügen an der Nasenspitze ansähe? Würde sie dann stumm werden?
In ihrer Aufregung vergaß July ganz, dass sie sich noch vor einiger Zeit sicher gewesen war, eine Prinzessin und die Tochter anderer Eltern zu sein.
„Wenn die Mama wieder größer wird, darf sie dann heimkommen?", fragte July ihren Bruder Theo, der sie verständnislos anschaute.
Als sie dann mit all ihren Befürchtungen herausrückte, musterte er kopfschüttelnd die kleine Schwester und brummelte: „Heiliges Kanonenrohr! Du spinnst ja gewaltig! Keine Sorge! Die Mutter, die wird schon wieder!"
Diese Antwort war nicht gerade das, was July hören wollte, aber zumindest war sie etwas erleichtert.

Männerwelten

Seit die Mutter im Krankenhaus war, wurde July von Tante Hilde ins Bett gebracht.

Julys Vater, mit dem sie jetzt allein das Schlafzimmer teilte, kam kurze Zeit später, um ihr *Gute Nacht* zu sagen und ging dann auch meist zu Bett.
Mit einem Male begann er vor dem *Gute Nacht* Julys Fußsohlen zu kitzeln. Seine Hände wanderten manchmal bis zu ihren Knien, auf die er dann klatschte und weiter zu den Oberschenkeln, wieder zu den Füßen hinunter und an den Beinen hinauf und hinunter. Dann waren wieder die Fußsohlen dran.
Am Anfang war es ein lustiges Spiel und sie lachte, aber dann wollte Vater nicht mehr damit aufhören.
Er hörte auch nicht auf, als das Kitzeln schon weh tat, July hin und her zappelte, und rief: „Nein Papa, nein! Hör auf! Ich will nicht mehr! Lass meine Füße los!"
Erst wenn sie fast weinte, ließ er von ihr ab und strich ihr über den Kopf.
„Du bist doch meine Süße! Das weißt du doch!"
July bewegte sich nicht. Sie hielt ihre Stoffkatze fest an sich gedrückt und starrte ihn mit großen Augen schweigend an.
„Träum was Süßes, mein Kätzchen", sagte er dann schnell, wich ihrem Blick aus und schaltete die Deckenbeleuchtung ab.
Die Straßenlaterne von außen gab einen schwachen Schein in das dunkle Zimmer.
Vorsichtig tastete er sich auf seine Seite des Ehebettes, wo er mit dem Rücken zu July hantierte und seine Unterwäsche und Hose mit dem Schlafanzug austauschte. Wenn er dann im Bett lag, streckte er sich, ein lang gezogener Laut des Ausatmens folgte und schon waren die ersten pfeifenden Schnarchtöne zu hören.

July schaute ins Dunkel und spürte Tränen auf ihrem Gesicht.
„Wann kommt die Mama endlich heim?", dachte sie und schluchzte auf.
Wenn Julys Vater aus dem Wirtshaus vom Kartenspielen zurückkam, vergaß er das Kitzelspiel und strich ihr nur leicht über die Haare, bevor er sich ins Bett legte.

Eines Morgens wachte July schweißgebadet auf.
Sie hatte geträumt, dass sie mit dicken Stricken auf einem Stuhl festgebunden worden war und eine böse Hexe ihr einen Löffel nach dem anderen, vollgeladen mit dickem weißen Haferbrei, in den Mund steckte.
Sie setzte sich auf: „Mama, Papa!"
Es dämmerte schon, der Tag brach an.
Das Bett ihres Vaters war unberührt. Mutter war noch im Krankenhaus, fiel ihr ein. Aber wo war Vater?
Verängstigt schlüpfte July aus dem Bett und lief zum Zimmer ihres Bruders, der schnarchend unter seiner warmen Decke lag. Sie zupfte heftig an seinem Kissen und schluchzte: „Darf ich zu dir ins Bett? Wo ist denn Papa?"
Theo hob schlaftrunken die Decke: „Der ist halt noch im Wirtshaus oder sonst wo", murmelte er. July kroch in sein Bett und kuschelte sich an ihn.

Nach einigen Tagen kam noch ein böser Traum. July schreckte hoch.
Vaters Bett war leer.
Als sie mit ihrer Stoffkatze Norika erneut in das Zimmer des Bruders schlüpfen wollte, hörte sie beim Öffnen der Tür ein Ächzen und ein Keuchen.
Erschrocken hielt July inne und sah wie gebannt den heftigen Bewegungen ihres Bruders zu. Sie wusste nicht, wie lange sie da stand, bis er sie entdeckte und selbst zu Tode erschrak.
Mit puterrotem Gesicht sprang er aus seinem Bett und kam zum Stehen. Die Schlafanzughose war ihm bis zu den Knöcheln gerutscht und die aufgeknöpfte Jacke hing zur Seite.

Außer sich vor Erregung stieß er hervor: „Wenn du irgendwas der Mutter oder dem Vater verrätst, dann, dann … !"
Seine Stimme brach ab, während er seine Blöße und vor allem den Körperteil, den July wie hypnotisiert anschaute, zu bedecken versuchte. „Dann, dann … kannst du, kannst du was erleben!" fügte er aufgebracht hinzu. „Du wirst schon sehen, was ich mit dir mache!"
Nie zuvor hatte July den nackten Unterkörper eines Mann gesehen, geschweige denn – einen erigierten Penis.
Im nächsten Moment rannte sie in hellem Entsetzen in das Schlafzimmer der Eltern zurück, wo sie sich mit Norika unter dem Elternbett versteckte. Dort rollte sie sich zusammen und war weder durch die wütenden noch beschwichtigenden Worte des Bruders bereit, sich von dort hervorholen zu lassen.
Sie blieb noch einige Zeit dort liegen, die Katze fest an sich gepresst, bis sie ihn die Treppe zum Geschäft hinuntergehen hörte.
Vor dem Mittagessen fing Theo sie ab: „Kein Wort zu Mama oder Papa. Du weißt, dass du nichts verraten darfst. Versprochen? Ja! Sonst lass ich Ohrenhöhler über dich laufen und die kriechen dann da, und da, und dahin, bis in deine Ohren!", drohte er ihr, während er ihre Wangen mit dem Finger antippte und sich dabei mit den Worten verhaspelte.
July nickte schnell mit dem Kopf und wollte weglaufen, aber er war noch nicht fertig und ergriff sie am Arm: „Schwöre es! Heb' deine Hand! Sonst gibt es eine echte Attacke! Und dann zieh Leine!"
July hob ihre Hand zum Schwur, wie sie es aus den Karl May Büchern kannte, aus denen ihr Theo vorgelesen hatte.
Was eine Attacke war, wusste sie – vom Onkel.
Zwar lauerte ihr der Onkel nicht mehr unter der Treppe auf, doch inzwischen behalf er sich mit wüsten Schilderungen von Kriegen und Schlachten aller Art: „Und am Schluss waren alle tot, mausetot. Jetzt kommen auch bald noch die Russen, nicht wahr Prinzessin! Hurra! Jeder Schuss ein Russ'! Hurra! Und die doofen Franzosen bekommen eins übergezogen oder werden ausgezogen!"

July jagte davon, sobald er seine Schauergeschichten begann, während ihr Vater und der Bruder kaum auf sein Gerede achteten.
Es reiche mal wieder mit seinen Macken. Der Krieg sei vorbei. Er solle seine Arbeit tun und nicht so viel dummes Zeug reden, hörte July ihren Vater manchmal zu ihm sagen.

July hatte wieder einen schlechten Traum.
In Theos Zimmer wagte sie sich nicht mehr, und Vater ging jetzt jeden Abend bis spät in die Nacht zum Stammtisch.
Sie überlegte, ob sie die Tante um Rat fragen könne, was es mit dem Schwören, das Theo jetzt immer von ihr verlangte, auf sich hatte.
Die Tante schien nicht so fromm zu sein wie die Mutter.
Es schien ihr zu gefallen, dass der Onkel pfiff, wenn sie auftauchte oder sie in den Hintern kniff und halblaut zu Theo und Julys Vater sagte: „Hilde, die Wilde! Jetzt guckt euch diesen *Busento*, ja – diesen *Atombusen* an! Ja glaubt man denn, dass so viel Holz vor der Hütte möglich ist!"
Nach dem Nachtgebet wagte July sie zu fragen, ob alle Väter, Onkel und großen Buben etwas hätten, das sie in der Hose verstecken müssten. Und ob man deshalb schwören müsse, nichts zu verraten. Und ob die Mama das auch wüsste, dass der Papa so etwas habe.
Die Tante erstarrte und war zunächst sprachlos.
Dann richtete sie ihre Augen durchbohrend auf July, presste ihr beide Arme so fest an ihren Körper, dass diese aufschrie: „Aua, du tust mir weh!"
Im beschwörenden Flüsterton zischte die Tante: „Nie im Leben darf ein Kind über so etwas Schweinisches sprechen, sonst kommt es in die Hölle."
Fluchtartig verließ sie das Zimmer und ließ eine verwirrte July zurück. An diesem Abend und noch einige Tage länger zog Julys Vater seinen Schlafanzug im Bad an. Irgendwann stellte sich dann wieder die alte Regelung ein.

Am nächsten Morgen wartete Theo auf July und zwickte sie fest in den Arm: „Hast du der Tante irgendwas erzählt? Du weißt, dass man niemals einen Schwur brechen darf!"
July gab keine Antwort und hielt ihre Katze fest an sich gedrückt.
„Letzte Warnung! Wenn du nicht parierst, wirst du schon sehen was passiert. Und deine Katze nehme ich dir auch ab", rief er der flüchtenden July hinterher.
Vor dem Mittagessen wiederholte er seine Drohung, was gar nicht mehr nötig gewesen wäre, denn July hatte beschlossen zu schweigen, um ihre Katze Norika nicht in Gefahr zu bringen.
Beim Zähneputzen nahm sie jetzt die doppelte Menge von Zahnpasta im Vertrauen darauf, dass der scharfe Geruch der Paste Theo und auch den Onkel von ihr fernhielte, denn sie hatte bemerkt, dass beide das Zähneputzen nicht mochten. Theos Zahnbürste war meist trocken, wenn July die Borsten anfühlte, und der Onkel, der meistens nach Schnaps roch, hatte einmal zu Mutter gesagt: „Ach was! Zahnbürste, Zahnpasta? Lieber ein Obstler! Der brennt schon die Keime und Bazillen raus!"
Also nahm July das Zähneputzen jetzt sehr genau. Sie putzte ausgiebig die Keime und die anderen Bazillen gleich mit weg und auch die Zunge kräftig mit.
Dafür bekam sie auf unerwartete Weise Lob von Vater und Tante Hilde.
Bald zeigte dieses Rezept seine erhoffte Wirkung.
Irgendwann tat ihr Bruder, als sei nichts gewesen, und der Onkel machte seine Faxen und Witzeleien jetzt bei Tante Hilde, die auch meistens kokett darauf einging und lauthals mitlachte.

Der Schlendrian fasst Fuß

Während die Mutter im Krankenhaus lag, machte sich im Elternhaus ein gewisser Schlendrian breit.

Das Tischgebet wurde verkürzt zu einem knappen: *Für dies und das! Deo gratias!* Manchmal wurde es ganz vergessen oder Vater sagte nur: „Essen fassen!"
Nach dem Essen gab es immer einen Schnaps, den auch die Tante gerne trank: Einen selbst gebrannten klaren Obstler, den der Onkel aus seinem Heimatdorf organisierte. „Marke Eigenbau", lachte er mit seinem braunen Einzahnlächeln. „Halleluja, das ist ein Tröpfchen! Klarer als das Weihwasser."
Die Trinkfreudigkeit im Gruberhaus wurde ritualisiert, indem die Männer eine längere Morgenpause und eine Nachmittagspause einführten, in der sie sich als Stärkung diverse Obstler aus der Flasche ohne Etikett genehmigten, Zigarren pafften und sich gegenseitig mit derben Witzen zu übertrumpfen versuchten, die zur vorgerückten Uhrzeit anwuchsen je mehr sich die Schnapsflasche leerte.
Wichtige Männerkonferenzen in der Kommandozentrale, nannten sie das, und es hieß weiter, dass Weiber davon nichts verstünden.
Die junge Elsa, die das ihr ungewohnte Schauspiel mit offenem Mund bestaunte, wurde genauso zur Zielscheibe des Spottes wie ihre weiblichen Artgenossinnen.
„Ihr Vandalen! Jetzt ist das Maß aber voll! Haltet wenigstens vor dem Kind euer Schandmaul, sonst sag ich es eurer Mutter!", schalt die Tante zum wiederholten Male und zerrte July, die ebenso fasziniert wie Elsa das bunte Treiben beobachtete, aus der anrüchigen Gefahrenzone.
Anschließend gab sie Elsa Unterricht in Sachen Männerwelt. „Männer sind halt so, da kann man nichts machen! Nämlich 'Sprüchbeutel und Maulaffen'! Das wirst du auch noch merken!"

Dann zog sie Elsa zur Seite und fügte mit verschwörerischer Miene hinzu: „Die Gefährlichen sind die Wölfe im Schafpelz, die zuerst schön tun, dir schöne Augen machen, aber dann ihr wahres Gesicht zeigen! Vor denen musst du dich besonders in Acht nehmen! Oder willst gleich so einen *Bankert* haben, wo dich dann alle verdammen und du sitzengelassen wirst? Das geht schneller, als man denkt."
Als Elsa sie verwundert anschaute, blickte sie beiseite und ihre Stimme klang hart: „Ich weiß, wovon ich rede! Meine eigene Mutter, Gott hab sie selig, hat das erlebt. Und jetzt! Marsch, an die Arbeit!"
Wie die Männer es vermutet hatten, wagte die Tante der kranken Mutter nicht mitzuteilen, was sich alles, während ihres Krankenhausaufenthaltes, im Gruberhaus zutrug und schärfte July eindringlich vor jedem Besuch im Krankenhaus ein: „July, du hältst den Mund! Hörst du? Keine Klagen sollen kommen! Wir wollen doch nicht, dass deine Mutter wieder Gallensteine bekommt! Oder? Und wenn deine Mama fragt, warum dein Papa diese Woche noch nicht zu Besuch kam, sagen wir, er hat ganz viel im Betrieb zu tun."

Am folgenden Samstag war Julys Lieblingskaninchen Hoppel nicht mehr in seinem Stall und auch nirgendwo in der Scheune zu finden. Aufgeregt rannte das Mädchen in die Werkstatt und rief: „Papa, Papa! Mein Kaninchen ist verschwunden! Hat es jemand gestohlen, so wie der Fuchs die Gans vielleicht?"
Der Vater schaute verdutzt und legte langsam den Schraubenschlüssel zur Seite, während der Onkel prompt sagte: „Nein, ... der böse Fuchs hat das Kaninchen nicht gestohlen. Das arme Kaninchen ist geschlachtet worden. Das gibt es morgen, als Sonntagsbraten, denn Kaninchenbraten ist lecker. Mir läuft jetzt schon das Wasser im Mund zusammen! Und hinterher ein Schnaps!"
„Du böser Onkel, du Lügenbeutel, du lügst! Wo ist mein Hoppel, Papa?", rief July entrüstet.

Der Vater strich ihr über den Kopf und sagte: „Aber July! Unsere Kaninchen werden immer wieder einmal geschlachtet, das weißt du doch. Sei aber deshalb nicht traurig! Es sind doch noch zwei im Kaninchenstall, mit denen du spielen kannst. Die Tante macht uns aus dem Hoppel einen guten Braten, der wird dir auch schmecken."
July wandte sich ab und lief zu ihrer Schaukel in der Scheune. Dort weinte sie bitterlich.

Mutter ist wieder da

Endlich kam Julys Mutter von ihrem wochenlangen Krankenhausaufenthalt zurück.

„Sorgen Sie dafür, dass Ihre Frau sich noch schont!", hatte der Arzt dem Vater eingeschärft.
Auf dem Nachtkästchen der Mutter stand, genau neben den Gebetbüchern, jetzt eine kleine Glasflasche, verschlossen mit einem Korken und gefüllt mit den Gallensteinen, welche die Operation zu Tage gebracht hatte. Beim Schütteln ergab der Inhalt interessante Muster, jedoch war dies keinesfalls der Grund, warum Julys Mutter es dort aufgestellt hatte. Es sollte ihr wohl den Kummer und neue Koliken fernhalten, so deutete sie es jedenfalls oft an.
Im Elternschlafzimmer bekam eine neue Statue der Gottesmutter Maria ihren Platz, vor ihr stand ein Blumentopf mit rosa Alpenveilchen. Die kleine, eher unscheinbare Vorgängerin war jetzt unter dem *Inri* im Treppenaufgang zu finden.
„Lassen Sie Ihre Frau doch!", beruhigte Dr. Vogel Julys Vater. „Das ist jetzt nötig zur Genesung, und schauen Sie, was ihr guttut."
„Und vor allem tut es mir nicht gut, wenn ihr mir dauernd Kummer macht und keine Ordnung im Haus ist!", klagte Julys Mutter mit sorgenvoller Miene beim Mittagessen.
Alle schauten auf ihre Teller. Das Essen verlief schweigsam.
Doch Julys Mutter ließ nicht locker.
Zur Nachmittagspause der Männer kam sie in die Werkstatt, um nach dem Rechten zu sehen.
„Das tut nicht gut! Dauernd schnäpseln und Zigarren rauchen, was ist das für ein Lotterleben!", griff sie Julys Vater an.
Der lachte kurz und sagte: „Ein Gläschen und ein Späßchen hier und da, schadet keinem. So lange die Arbeit nicht darunter leidet ... !"

„Alkohol ist für Heiden – und außerdem ungesund!", entgegnete die Mutter giftig. „Sooo?", meinte der Vater mit spöttischen Unterton und holte tief Luft: „Dann frag doch mal deinen Herrn Pfarrer, liebe Frau! Der kennt sich nämlich aus mit solchen *Seelentröstern*. Und der ist beileibe kein Kostverächter! Sein Messwein ist ein ausgesprochen guter Tropfen!" Er grinste breit und fügte hinzu: „Den hat er uns neulich beim Kartenspiel mal probieren lassen. Das war sein Einsatz, weil er die letzten Spiele verloren hat!"
Der Mutter hatte es kurz den Atem verschlagen, doch bevor sie etwas erwidern konnte, stimmte ihr Mann eines seiner Lieblingslieder an, versuchte sie in den Arm zu nehmen und sang: „Wir sind alle kleine Sünderlein ... !"
„Herrschaft Papa! Geh weg! Du bist ja ganz verschwitzt und voller Schmiere!"
Julys Mutter nahm ihren Ellenbogen zu Hilfe und wich den weiteren Annäherungen ihres Mannes erbost aus. „Es wird Zeit, dass du dich mal wieder mehr wäscht oder mal wieder badest."
Dann verließ sie mit beleidigter Miene die Werkstatt, wobei ihr Bittgebet: „Herr, lass deinen Segen über diese Sünder fegen!" für allgemeine Heiterkeit sorgte.

Der verlorene Sohn

Einen Monat nach Mutters Rückkehr aus dem Krankenhaus war auch Thomas – nicht ganz freiwillig – ins Elternhaus heimgekehrt.

Um unnötiges Aufsehen zu vermeiden, hatte Julys Vater am Stammtisch bereits erzählt, dass er seinen Sohn wegen der vielen Arbeit im eigenen Geschäft brauche.
„Was heißt da Hörner abstoßen", hörte July, die mit Theo hinter der Tür lauschte, ihre Mutter sagen. „Er ist zu jung für so was! Eine *wilde Ehe*! Das ist eine Todsünde! Und dann ist die Frau auch noch fünf Jahre älter.
„Wenn er wenigstens seine Arbeit nicht vernachlässigt hätte, der blöde Maulaff!"
Des Vaters Stimme klang missbilligend und so, als würde er den Kopf verständnislos schütteln, was er oft tat, wenn ihm etwas nicht gefiel.
Julys Mutter seufzte tief und jammerte: „Warum tut er uns das an? Womit haben wir das verdient? Oh Gott! Diese Unkeuschheit!"
Vor dem Mittagessen hatte Thomas im Beisein Theos dem Vater versprechen müssen, dieses – nach den Worten der Mutter – *unselige Verhältnis* – zu beenden.
Thomas stellte sich in Position und salutierte. Dann sagte er frech: „Dein Wunsch ist mir Befehl!", und erntete dadurch die Bewunderung seines Bruders.
„Himmelherrgott nochmal, wie ein Kleinkind wird man hier behandelt!", sagte er leise und fuhr sich durch die dichten blonden Haare.
Dann drehte er sich zu seinem Vater um und sah ihm fest in die Augen: „In einem halben Jahr bin ich 21 und damit volljährig."

„Solange du die Füße unter meinem Tisch hast, hältst du dich an die Regeln!", entgegnete dieser ungewohnt scharf. Das ewige Gejammer deiner Mutter ist schon schlimm genug."
„Nur, wenn du alter, blöder Arsch, den Schlappschwanz, Stinkstiefel und alles andere zurücknimmst, was du mir neulich an den Kopf geworfen hast! Denn du hast ja auch nichts mehr zu melden und gehst lieber saufen!"
Thomas rannte aus der Werkstatt, als der Vater wütend auf ihn losgehen wollte und kam erst in der Nacht ins Haus zurück.

„Am besten Sie nehmen ihn auf in Ihr Heim – wie den *verlorenen Sohn* aus der Bibel", sagte Pfarrer Erlwein, den Julys Mutter zu Rate zog und wählte geschickt den Weg der Diplomatie, indem er bei Julys Mutter an die christliche Tugend der Vergebung appellierte.
„Auch Jesus hat verziehen, warum dann nicht Sie, Ihrem eigenen Fleisch und Blut! Ihr Mann sollte den ersten Schritt zur Versöhnung tun. Wie Männer unter Männern. Richten Sie ihm das von mir aus!"
Als die Mutter betreten schluckte, fügte er hinzu. „Ich werde selbst mit Ihrem Mann reden! Der Frieden wird wieder einkehren! Pax vobiscum!"
Es war zwar kein Frieden im Haus, aber vorerst eine Art Waffenstillstand.
Julys Mutter beobachtete Mann und Sohn weiterhin voller Sorge.
Eines Mittags stand sie nach dem Mittagsgebet auf und fing an zu reden, anstatt mit dem Suppenlöffel Suppe auszuteilen, womit sie alle in Erstaunen versetzte.
Sie müsse, bevor jetzt gegessen werde, etwas Wichtiges sagen, hub sie an. Der Arzt habe verordnet, sie solle sich noch wegen ihrem Herz schonen und langsamer tun. Sie hoffe, dass das alle respektierten und ihr keinen Kummer machen wollten. Die letzte Messe am Sonntag sei absolute Pflicht für alle ohne Ausnahme, das sei ihr Wunsch. Und vor allem wolle sie Frieden in ihrem Haus haben.

Das Mittagessen verlief im allgemeinen Schweigen.
Die Mutter gab dann July den Auftrag, die Brüder jeden Sonntag rechtzeitig zum letztmöglichen Kirchgang zu wecken, damit sie selbst mit Elsa in aller Ruhe schon Vorbereitungen für das Mittagessen machen konnte.
Theo war oft schon wach und schnell verschwunden, während Thomas auf Julys Versuche, ihn zu wecken, erst einmal nicht reagierte.
Insbesondere nicht, wenn er in der Nacht sehr spät von einer *Sause*, wie er es nannte, heimlich über die Strickleiter, die dann unter seinem Bett lag, in seine Bude heimgekehrt war.
Seine Socken lagen meist als zwei zusammengewerkelte dunkle Knäuel auf dem Fußboden, und ein scharfer Geruch strömte von ihnen aus.
July hielt sich die Nase zu und rüttelte ihn mit der andern Hand fest an der Schulter. „Schalt den Plattenspieler an und leg den Tonarm drauf, dann komm ich hoch", murmelte Thomas schlaftrunken.

Seit Wochen lag die gleiche Platte auf dem Plattenspieler.
July musste einen Hebel, mit einer Nadel unten daran, auf die Schallplatte legen, damit die sich drehte und Musik kam.
Diana, sang der Sänger immer wieder.
Mehr verstand July nicht. Aber es war ein schönes Lied.
„Das ist amerikanisch", sagte der Bruder. „Aber du bist noch zu klein für so was."
Vorher lag auf dem Plattenspieler: *Wenn auf Capri die rote Sonne im Meer versinkt.* Oft hatte sie mit Elsa zusammen durch die geschlossene Tür der schönen Melodie gelauscht, denn Elsa liebte diesen Schlager besonders und auch die schönen blauen Augen von Thomas, wie sie es einmal heimlich zu July sagte.
Manchmal hatte Elsa den Waschlappen von Thomas in die Hand genommen und daran gerochen, während July ihre Zähne geputzt hatte. Auf Julys erstaunte Frage, warum sie das mache, hatte sie gesagt, sie wolle überprüfen, ob der Waschlappen in die Wäsche müsse.

Die Platte mit der *roten Sonne auf Capri* hatte Thomas jedenfalls irgendwann in der Mitte auseinander gebrochen und ins Eck geschleudert.
Elsa hatte die zerbrochenen Teile beim Kehren des Zimmers gefunden und geweint.
July hatte ihr die Tränen weggewischt und ihr einen Bonbon geschenkt.
„Ich hab die *rote Sonne* auch lieber gehört als die *Diana*," hatte sie gesagt, als Elsa nicht zu weinen aufhörte.

An einem der Sonntage, als Thomas partout nicht aufstehen wollte und seine kleine Schwester anschnauzte, sie solle verschwinden, hatte July beim Mittagessen dann geäußert, dass Thomas Stinkefüße wie Käse habe und von der Strickleiter erzählt.
Thomas schlug mit dem Löffel in den Suppenteller, kniff die Augen zusammen und blickte zu July, die mit ihrem Pferdeschwanz spielte. Dann entgegnete er, dass July eine *Zuchtel* sei, und man solle ihr die Haare wieder ordentlich zu Zöpfen binden. Zucht und Ordnung bei kleinen deutschen Mädchen seien seit dem Krieg wohl vorbei, fügte er hinzu und schlug noch mal mit dem Löffel in die Suppe, dass es nur so spritzte.
Alle schauten ihn erstaunt an.
Vater Gruber sagte dann mit sehr ernster Stimme: „Die Nazis sind aber auch vorbei! Oder? An meinem Tisch soll jedenfalls keiner sein!"
Erst war Stille.
Dann holte July tief Luft und schrie: „Du bist ein Scheusal und ein *Mädchenstelzer* und *schwadronst*. Ja, das hat sogar der Onkel gesagt! Die Mama auch. Deine Socken stinken nach Käse. Und die Elsa riecht immerzu an deinem Waschlappen, denn der stinkt auch."
Während Mutter begann: „Um des lieben Friedens willen ... !", stand Thomas abrupt auf und verließ wortlos die Küche.
Erst nach drei Tagen tauchte er wieder auf.

„Wenn mich einer von euch jetzt fragt, wo ich gewesen bin, oder ob ich ein *Bratkartoffelverhältnis* habe, dann hau ich auf der Stelle wieder ab!", sagte Thomas herausfordernd und zündetet sich eine Zigarette an. „Euer heuchlerisches Getue ist zum Kotzen!"
Vater wandte sich ab, Theo verschwand in Richtung Hof, und der Onkel machte sich am Regal zu schaffen. Es gab sehr, sehr viel zu tun. Niemand fragte nach.
Auch die Mutter nicht, in der Hoffnung, der jetzt wieder eingetretene Frieden würde bleiben können.

Das Hostienspiel

Doch der *Frieden* war trügerisch.

Auch wenn die eingeführten Trinkgewohnheiten nur noch versteckt ausgeübt wurden und die Männer ihre Reden zügelten, spürte Julys Mutter doch, dass ihr die Kontrolle entglitten war.
„Ausschweifungen und bestimmt auch einige der schlimmen sieben Laster sind das! Ich merk es, auch wenn sie es heimlich tun", sagte sie bekümmert zu July, die nicht von ihrer Seite wich und sie mit großen, verschreckten Augen anblickte.
Julys Mutter beschloss, für die Verfehlungen der Familie als Buße wieder täglich in der Kirche einen Rosenkranz zu beten.
„Du bist mein Trost. Versprich mir, dass du mir keinen Kummer machst!", sagte sie zu July und nahm sie schon am frühen Morgen zu ihrem Kirchgang mit.
„Ihr bekommt bald beide einen Heiligenschein!", scherzte der Vater und Theo fügte hinzu: „Allmächtiger! Ich glaube, man sieht schon etwas vom *Zeichen der Heiligkeit.*"
Mehrmals am Tag rannte July zur Frisierkommode mit dem dreiteiligen großen Spiegel im Elternschlafzimmer, um endlich das *Zeichen der Heiligkeit* bei sich zu entdecken, bis die Mutter es ihr verbot und den Spiegel zuklappte.
„Julia! Spiegelgucken tut nicht gut! Unseren Frieden gibt uns Gott!", mahnte sie.
Für July waren diese täglichen Kirchgänge inzwischen sehr langweilig geworden, aber sie wagte nicht, ihrer Mutter zu widersprechen, um keine *bösen Laster* zu bekommen. Und sie wollte auch viel lieber in den Himmel kommen als in die Hölle. Aber vor allem – sollte die Mutter wegen ihr nicht wieder krank werden.

„Bin ich auch dein *Sorgenkind*?", fragte sie manchmal die Mutter und bekam zur Antwort: „Iss nur immer schön brav deinen Teller leer, dann machst du mir rechte Freude!"

Der häufige Kirchgang regte July zu einem neuen Spiel an. Aus den Backvorräten nahm sie die weißen Oblaten, die zum Plätzchenbacken verwendet wurden und bat die Elsa, ihr ein Glas mit Apfelsaft und ein Glas mit Kirschsaft einzuschenken.
Elsa wunderte sich, aber tat es folgsam, wie immer, wenn sie einen Auftrag bekam.
Dann spielte July *Heilige Messe*.
„Das muss die Mutter bestimmt gesund machen, dachte sie.
Die weißen Oblaten segnete sie – mit einem Kreuzzeichen darüber, denn das machte der Pfarrer auch immer bei der *Wandlung*, – damit die zu Hostien wurden. Sie brach die *Hostien* auseinander, legte die Teile in ihren Mund und ließ sie auf ihrer Zunge weich werden. Dazu trank sie etwas Apfelsaft, das war der Wein und dann etwas Kirschsaft, das war das Blut von Jesus.
Als Altar diente ihr der nur im Winter geheizten Kachelofen mit seiner grauen Eisentür, die das Eingangtor zum *Tabernakel* war. Dort, vor dem Kamin, saß sie auf einem Schemel oder kniete darauf, sang Marienlieder wie früher und sagte lateinische Sprüche auf, die allerdings etwas vom Originalton abwichen.
„Ich habe das als Kind auch gemacht," sagte die Mutter stolz zu Julys Vater, der seine Tochter misstrauisch beobachtete.
„Vielleicht fühlt sich unsere July *berufen*! Zur Nonne vielleicht! Ach Papa! Das wäre so schön! Es ist nur wenigen Menschen in die Wiege gelegt, in den Dienst der Kirche eintreten zu dürfen!"
Dann holte sie Atem und sprach weiter: „Unsere July ahnt wohl oder weiß es, dass die *Heilige Wandlung* der Höhepunkt der Messe ist, wenn der Gekreuzigte und Auferstandene durch Gott und den Heiligen Geist das Brot in seinen heiligen

Leib und den Wein in sein heiliges Blut verwandelt. Sie wird ihren Weg finden."
Julys Vater schaute seine Frau fassungslos an und raufte sich dann wütend die Haare: „Heiliger Bimbam! Das sieht dir ähnlich! Du spinnst ja! Dem Kind so etwas aufzuschwatzen!"
Kopfschüttelnd verließ er das Zimmer, wobei er vor sich hinmurmelte: „Das ist jetzt zu viel! Nonne! Heilige Wandlung! Jetzt sind sie beide verrückt geworden!"
Dann riss er noch mal die Türe auf: „Sicher habt ihr bald alle beide *katholische Knie*. Bei euch ist ja eine Schraube locker!"
„Was sind katholische Knie?", wollte July neugierig wissen.
„Na, die sind vielleicht sehr heilig, aber platt und schief, wie bei der ... *Muttergottes von Schmetterbach*!", gab Vater erregt zurück und warf krachend die Türe zu.
Am nächsten Tag befragte July ihren Bruder Theo, ob er wüsste, was katholische Knie seien und wer diese Muttergottes von Schmetterbach sei.
Er gab ihr nicht ganz die Auskunft, die sie hören wollte. Raunte ihr nur zu, dass es jetzt schick sei, dass auch Weiber Priester werden wollten. Wenn July dann katholische Knie bekäme, würden ihre Beine ganz kurz und dick werden. Solche Mädchen könnten keine Prinzessinnen mehr sein.
Julys Vater hätte sich keine Sorgen zu machen brauchen.
Das Spiel mit der heiligen Messe war seiner kleinen Tochter bald leid geworden.

Klavierstunden

Neuerdings saß July weder vor dem Kachelofen noch in ihrem alten Versteck unter dem Klavier.

Sie setzte sich auf den Klavierstuhl und klimperte mit den Tasten. Irgendwann hatte ihr Theo den Flohwalzer beigebracht.
„Dieses Geklimper kann einem auf den Keks gehen!", meinte der Vater genervt und schüttelte den Kopf.
„Weißt du eigentlich, liebe Anna Maria", wandte er sich plötzlich an seine Frau, „wie schön du früher auf dem Klavier gespielt hast?"
Bevor Julys Mutter etwas erwidern konnte, verließ er das Zimmer.

Am nächsten Tag teilte die Mutter July mit, dass beschlossen worden sei, dass sie zweimal in der Woche Klavierstunden bekomme, um ganz richtig und gut spielen zu lernen. July weigerte sich zuerst, als sie hörte, dass sie dann daheim täglich üben müsse. Doch die Mutter sagte: „Du wirst sehen, es wird dir gefallen, wenn du dann später so schöne Lieder spielen kannst wie Herr Wagner auf der Orgel in unserer Kirche!"
Schließlich ließ sich July überzeugen, zumal ihr die Mutter versprach, sie zu den zu den ersten Klavierstunden persönlich zu zu begleiten.
Eine Straße weiter wohnte eine Frau, die privaten Klavierunterricht gab.
Frau Haferkamp war sehr alt, noch älter als Mutter oder Vater, so kam es July jedenfalls vor.
Sie hatte schönes weißes Haar und stützte sich beim Gehen auf einen schwarzen Stock mit einem großen goldenen Knauf am Ende.
Der Raum, in dem das Klavier stand, war voll von wunderlichen Besonderheiten.

„Erstmal muss man sich da durch finden, aber Frau Haferkamp wird hoch gelobt. Sie spielte sogar früher die Orgel in der Kirche!", sagte Julys Mutter begeistert nach dem ersten Besuch zu ihrem Mann.
Nach den ersten Klavierstunden war Mutter nicht mehr dabei.
Für July war Frau Haferkamp eine Zauberin. Wenn sie die Wohnung von Frau Haferkamp betrat, lebte sie in einer für sie fremden Welt und wurde zum *Nannerl*. Frau Haferkamp hatte ihr diesen Namen gegeben.
Nach der Eingangstür stieß man auf einen zweiteiligen dunkelgrünen Samtvorhang, bei dem man zuerst die Mitte suchen musste, um ihn beiseite schieben und in den Raum gelangen zu können. Überall standen und hingen Büsten, Bilder und Reliefs oder Wachsabdrucke von Komponisten. Es lagen Notenblätter und Bücher herum und an den Wänden hingen verschiedene Musikinstrumente. July hatte so etwas noch nie in ihrem Leben gesehen.
Frau Haferkamp hatte, wie Mutter es bezeichnete, ein lahmes Bein, das sie beim Unterricht, wenn sie neben July saß, meist zur Seite streckte. Ihr Gehstock lehnte seitlich neben dem Klavier.
Manchmal schloss sie die Augen und spielte auf dem Klavier ein Stück von Mozart, dem größten Komponisten aller Zeiten, wie sie sagte. July beobachtete sie fasziniert.
Denn Frau Haferkamp sah so aus wie Beethoven, der als weiße Porzellanbüste über ihrem Klavier an der Wand hing, und dessen Kopf ähnlich wilde Haare hatte wie sie selbst.
Wenn July die Fingerübungen nicht akkurat machte, wurde Frau Haferkamp oft ungeduldig. Sie sagte, ein *Nannerl* müsse sich mehr anstrengen und klopfte bei einem falschen Ton mit ihrem Gehstock heftig auf den Dielenboden.
Mozart sei sehr, sehr unzufrieden, wenn die Julia schon bei leichten Etüden Fehler mache.

In dem geräumigen Klavierzimmer von Frau Haferkamp stand eine große Kiste, die voll gestopft war mit altmodischen Kinderkleidern, langen Gewändern mit Rüschchen und Spitze, feinen Seidenschals und Hüten mit Schleiern daran. Sogar Ballettschuhe waren vorhanden.

July durfte sich vor jeder Unterrichtsstunde einige der Teile heraussuchen und sie während des Unterrichts tragen.

Bald gehörte das Klavierüben zu Julys Alltag. Oft dreimal die Woche.

Einmal donnerte es heftig während der Klavierstunde.

July schaute um sich, doch sie sah nirgendwo eine schwarze Gewitterkerze wie bei Mutter im Schlafzimmer, die man anzünden musste, damit kein Blitz einschlug.

Als July Frau Haferkamp danach fragte, war die kurze Antwort: „Schumann oder Brahms sind nicht für ordinäre Gewitter zuständig, und du machst jetzt erst mal mit den Fingerübungen weiter."

Frau Haferkamp hatte einen Sohn, im Alter von Julys Brüdern. Er hieß Karl-Klaus, aber sie nannte ihn Wolfgang Amadeus.

Karl-Klaus konnte auch Klavier spielen.

Manchmal, wenn Frau Haferkamp Schmerzen in ihrer Hüfte und ihrem Bein hatte, übernahm er die Klavierstunden, was July aber gar nicht gefiel. Er griff nach ihrem Kinn, sobald sie an den Tasten abrutschte und heftete seine dunklen Augen auf sie oder gab ihr mit einer langen weißen Gänsefeder einen leichten Schlag auf die Fingerspitzen. Es tat nicht weh, aber July ängstigte sich.

Sie durfte die gewohnten Verkleidungen anziehen, aber er erlaubte nicht, dass July sie sich selbst aussuchte.

Er zog ihr zuerst ihr eigenes Kleid aus, dann stand sie in der Unterwäsche da und verschränkte die Arme um ihren Oberkörper, während er angestrengt in der in der geheimnisvollen Kiste herumwühlte und ein Kleidungsstück zur Musik von Mozart, Brahms oder Beethoven suchte. Meistens ließ er sich lange Zeit mit der Auswahl. July fror, aber wagte es nicht, ihn zu stören. Wenn er endlich etwas Passendes gefunden, schnaufte er zufrieden und nahm es behutsam heraus. Vor-

sichtig streifte er es July über, strich den Stoff an ihrem Körper ringsherum glatt und lächelte unergründlich.
„Du bist meine neue Pianistin," sagte er, nahm ihre Arme und reckte sie hoch.
Dann begannen die Fingerübungen.

„Ich hasse die Fingerübungen und ich will kein *Nannerl* sein!", beschwerte sich July am Morgen beim Frühstück. „Und ich will nicht, dass der Wolfgang Amadeus Karl immer bei mir herumkrabbelt."
Doch alle waren in Eile. Niemand hörte genau hin.
Nicht einmal ihre Mutter, die zu einer Beerdigung gehen wollte und July nur fragte, ob sie vielleicht nicht ganz brav gewesen sei. Es sei bekannt, dass Frau Haferkamp ihren Schülern die Namen von Komponisten oder deren Musen gab. Und die Musen, die seien fast so wichtig wie die Engel. Als July mehr wissen wollte, strich sie ihr über den Kopf und sagte, sie müsse jetzt fort. Aber sie wisse genau, dass *Nannerl* die Schwester von dem berühmten Komponisten Wolfgang Amadeus Mozart sei. Das sei eine hohe, sogar außergewöhnliche Ehre.
July schwieg dazu.
Sie träumte schlecht.
Einige Male schrie sie während des Traums in der Nacht und weckte die Mutter auf.
Vom Pfarrer bekam Julys Mutter den Rat, sie solle mit Julia vor dem Einschlafen zur Muttergottes beten, das würde gegen schlechte Träume helfen.

Nach einigen Wochen fragte July beim Mittagessen, ob jemand wisse, warum sie sich, seit Frau Haferkamp mit Hüftweh so oft im Bett liegen bleibe, vor jeder Klavierstunde ausziehen müsse. Auch die Unterhose müsse sie ausziehen. Und warum sie dann Kleider aus der geheimnisvollen Kiste von dem Amadeus Karl-Klaus angezogen bekomme, die sie sich nicht mehr selbst aussuchen dürfe, wie bei Frau Haferkamps Klavierstunden und ob *Nannerl* das auch habe machen müs-

sen. Und warum sie den *Beethovenstab* in Amadeus Hose anfassen und sich entschuldigen müsse, wenn sie zu viele Fehler mache und ob Frau Haferkamp nicht gesund werden würde, weil sie sich zu oft verspiele. Das hätte der Amadeus Karl-Klaus gesagt.
Alle am Tisch schauten nach Julys langer Rede verdutzt vom Teller auf.
Julys Mutter erstarrte auf ihrem Stuhl, doch niemand sagte etwas dazu.
Nur der Onkel kommentierte: „Du bist halt doch ein dummes Schneewittchen."
Nach dem Mittagsessen – alle hatten diesmal sehr schnell die Küche verlassen – winkte Mutter Gruber ihren Mann in die Nische unter dem Treppenaufgang zu einem wichtigen Gespräch unter vier Augen.
July und Elsa lauschten heimlich, verstanden aber nicht, um was die Eltern stritten.
Am Abend sagte Mutter zu July: „Wir haben ja ein Klavier zu Hause, und jetzt kommt ein Lehrer oder eine Lehrerin ins Haus. Frau Haferkamp hat zu oft Hüftweh, und ihr Sohn muss sich jetzt um sie kümmern und hat keine Zeit mehr für Klavierstunden."
July war zwar erleichtert, nicht mehr zu den Haferkamps gehen zu müssen, doch sie weigerte sich, weiter Klavierunterricht zu bekommen.
Nicht einmal mehr den Flohwalzer wollte sie spielen.

Eine neue Nachbarin und neuer Wind

Der alte Stadtpfarrer Erlwein ging in den Ruhestand und verabschiedete sich von seiner Pfarrgemeinde mit einer sehr langen Predigt.

Die schreckliche Gicht und sein schwaches Herz mache ihm mehr und mehr zu schaffen, betonte er am Schluss seiner Abschiedsrede, doch die Gebete zu Jesus erleichterten ihm sein Leid.
Ein neuer Pfarrer kam in die Stadt.
Und mit ihm kam ein Problem für Julys Mutter.
Sie spürte eine ihr unerklärliche Abneigung gegen ihn und verurteilte sich insgeheim wegen ihrer mangelnden Nächstenliebe, die alle Geschöpfe Gottes einbezog.
Und der Pfarrer Wolf war doch ein heiliger Mann und ein Diener Gottes!
Was war ihr dann so peinlich und unangenehm, wenn sie zur Beichte ging?
Julys Mutter kannte niemanden, mit dem sie über den neuen Pfarrer hätte sprechen können und wollen und über das, was ihr auf der Seele lag.
Familie Trum war inzwischen weggezogen. Nach Noras Tod waren sich Julys Mutter und Noras Mutter irgendwann aus dem Weg gegangen. Die Gespräche miteinander hatten ihnen nicht geholfen, sondern ihre Betroffenheit und Trauer eher vertieft. Über Eheprobleme, den Pfarrer oder die Beichte hatten sie nie gesprochen.
Auch niemand aus dem Kirchenchor stand ihr wirklich nah.
So schwieg sie, hatte viele Gedanken und betete täglich den schmerzhaften Rosenkranz als Buße.

In das komplett renovierte Haus neben Familie Gruber waren vor einigen Wochen neue Besitzer eingezogen: Herr Professor West und seine Frau.

Sie hatten es vor einem Jahr gekauft und viele Umbauarbeiten machen lassen.
Es hatte sich gelohnt. Der alte Bauernhof war zu einem Schmuckstück geworden.
„Ein *Studierter* – und er ist sogar Professor an einer Universität. Der wohnt jetzt in unserer Straße", sagten die Nachbarn ehrfürchtig. „Und Geld hat er auch!"
Mutter Gruber und Frau West hatten inzwischen bei der Gartenarbeit über den Zaun hinweg schon einige nette Gespräche unter Frauen geführt.
„Sie ist so anders, so offen und natürlich! Ob ich mich ihr wohl anvertrauen kann?", überlegte Julys Mutter.
Die neue Nachbarin war kess, fröhlich und lachte gerne. „Ich bin Emma West, die Frau von Professor Michael West. Nennen Sie mich bitte einfach Emma", hatte sie gesagt, als sie sich im Haus Gruber als neue Nachbarin vorgestellt hatte.
„Meinen Mann werden Sie erst nächste Woche kennenlernen, er ist gerade in der Schweiz bei einer Tagung."
Herr West war Professor für Physik und Biologie an einer deutschen Universität und oft zu Vorträgen im Ausland unterwegs, manchmal begleitete sie ihn auf seinen Reisen. Wenn er zurückkam, zog er sich in sein Arbeitszimmer zurück und schrieb tagelang. Seine Frau Emma störte ihn nur zu den Mahlzeiten.
Sie ging mit ihrem Hund im nahen Wiesengrund spazieren und verrichtete Arbeiten im Haus und im Garten, wo sie auch eine kleine Töpferwerkstatt hatte.
Emma West war nicht mehr ganz jung, aber sehr attraktiv, was nicht nur auf den roten Lippenstift, den kurzen Pagenschnitt und den grünen Augen mit den langen dunklen Wimpern zurückzuführen war. Sie hatte eine schlanke Figur und trug moderne, geschmackvolle Kleidung, die sie sich meist selbst, nach den Abbildungen der neusten Modemagazine, aus verschiedenen Stoffen auf ihrer Nähmaschine nähte.
Nicht nur die Männer im Hause Gruber warfen ihr bewundernde Blicke zu.

Bei den Frauen der Kleinstadt brauchte es jedoch seine Zeit, bis sie die spitzen Bemerkungen über Emma West unterließen. Dann aber sah man immer öfter den modernen Pagenschnitt und rote Lippenstiftfarbe auch bei ihnen. Was wiederum der neue Pfarrer Wolf in einer Sonntagspredigt anmahnte, indem er von der Kanzel herabwetterte und *Eitelkeit, Stolz und Hoffart* als Versuchung des Teufels bezeichnete, der man widerstehen müsse.

Emmas andere Predigt

Mit Emma West war Anna Maria Gruber bei der Abendmesse gewesen.

Auf dem Heimweg wurde sie von Emma West zu einem Kaffeestündchen am nächsten Tag eingeladen, als sie verlegen um einen Rat und ein persönliches Gespräch gebeten hatte.
Nach dem Austausch einiger höflichen Belanglosigkeiten während des Kaffeetrinkens kam Emma West zur Sache und sagte: „Jetzt fangen Sie einfach an und sagen mir bitte, was Sie auf dem Herzen haben!"
Mutter Gruber schluckte einige Male, dann brach es aus ihr heraus: Der Pfarrer Wolf wolle bei der Beichte immer alles so genau über sündige und unkeusche Gedanken, Worte und Taten wissen: Wo und wann, wobei und wie oft!
Schon der alte Pfarrer Erlwein habe damals, als sie in ihrem Alter noch mit Julia schwanger geworden war, so viel gefragt. Sie habe sich sündig gefühlt, weil ihr der Pfarrer so viele Bußen aufgab, um dem Laster der Wollust zu widerstehen. Sie schäme sich, über so etwas zu reden und sie tue doch gar nichts Unkeusches. Noch nie habe sie ihren Körper ohne Bekleidung im Spiegel angeschaut, geschweige denn ihren Mann nackt gesehen. Das sei doch eine Todsünde. Dann habe der Pfarrer noch gesagt, außer den Geistlichen seien fast alle Männer *Wölfe im Schafspelz*. Das habe sie wirklich durcheinander gebracht. Sie wünschte, sie wäre doch ins Kloster eingetreten.
Dann weinte sie haltlos.
Emma stand auf und nahm Mutter Gruber in den Arm, bis deren Tränen versiegt waren.
Zur Beichte ginge sie selten, sagte sie dann, denn Todsünden begehe sie keine.
Sie habe ein Recht auf ihr Privatleben und das gehe weder den alten noch den neuen Pfarrer etwas an, sondern nur den

lieben Gott und der habe ein großes Herz voller Liebe für alle Menschen ohne Ausnahme und wolle, dass alle Lebewesen glücklich seien.
Ihr Mann und sie seien zwar katholisch getauft, aber sie und schon gar nicht ihr Mann – als Physiker und Biologe, der weit in der Welt herumgekommen sei, – ließen sich zu irgendetwas zwingen, was ihnen nicht gut tue, oder sich von altmodischen Pfarrern etwas einreden.
Von Zeit zu Zeit müsse man unbedingt auch einmal mit Spaß sündigen und sich im Bett lieben. Das sei aber keine Sünde, sondern ein Bedürfnis aller Lebewesen. Das hätten schon Kleopatra und die Philosophen der Antike gewusst und bestimmt auch Jesus mit der Maria Magdalena.
Als Mutter Gruber sie bei diesen Worten verblüfft anschaute, lächelte sie kurz und zeigte auf ihren Hund, einen hübschen braunen Cocker Spaniel, der zu ihren Füßen lag.
Sie holte tief Atem und redete weiter.
Ihr Hund Moritz sei absolut treu, intelligent und sehr lieb. Sie habe die Erfahrung gemacht, dass die Natur so sei, dass Hunde das machten, was sie wollten und so wie sie das wollten und die Pfarrer hätten wenig Ahnung von Hunden. Ihr Hund sei ein glücklicher Hund, denn Hunde hätten keine Ahnung von den Sünden und dem Beichten oder von engstirnigen Pfarrern, die alles wissen wollten.
„Was ich Ihnen noch sagen möchte, liebe Anna Maria!", fügte sie mit beherrschter Stimme hinzu. „Wissen Sie, ich habe meine Tochter Sonja sehr jung bekommen und sie lebt schon seit Jahren in Paris, wo sie eine Modeschule besucht hat. Wir sehen uns selten. Leider! Ich konnte keine weiteren Kinder mehr bekommen. Seien Sie froh, dass Sie, dank Ihres Mannes, noch so eine nette kleine Tochter um sich haben."
Dann holte sie zwei Sektgläser, stellte sie auf den Tisch und brachte aus dem Kühlschrank eine kleine Flasche Sekt.
Kurz bevor die Gläser geleert waren, erhob sich Emma West, nahm die Hand von Anna Maria Gruber und sagte: „Eine Frage hab ich doch! Wollten Sie wirklich ins Kloster eintreten?

Und, vor allem, fühlten Sie sich berufen? Oder hat man Ihnen das etwa nur eingeredet?"
Als Frau Gruber nichts erwiderte, sagte Emma West: „Sie haben mir neulich erzählt, dass Sie Ihre Mutter früh verloren haben. Hängt es damit zusammen? Sie müssen nicht antworten, denken Sie einfach darüber nach und kommen Sie mal wieder vorbei."
Julys Mutter war verwirrt.
Kaffee, das Gespräch, Sekt. Das war alles sehr ungewohnt.
Sie kraulte Moritz zwischen den Ohren und verabschiedete sich. Sie nahm einige der Bücher mit, die ihr Emma zeigte und legte sie im Schlafzimmer auf ihr Nachtkästchen neben die Gebetbücher.
Nachdenklich ging sie dann durch den Hof und die Scheune in den Garten und machte sich dort an die Arbeit, während Emma in ihre kleine Werkstatt zurückkehrte, wo sie Vasen, Krüge und anderes mehr töpferte.

Der große Stapel der Gebetbücher auf Mutter Grubers Nachtkästen verringerte sich nach einigen Wochen zusehends.
Die Nachbarin im Haus gegenüber war hocherfreut, dass sie Bücher mit Gebeten und über Heilige und Wunder überlassen bekam und wollte sie an ihre Familie weitergeben.
Die Kaffeestündchen mit Emma West wurden zur festen Einrichtung neben der Arbeit im Haus.
Nach einiger Zeit hatte Julys Mutter plötzlich wieder Lust zu kochen und versäumte öfter die Frühmesse.
„Im Garten gibt es so viel zu tun!", sagte sie, „und das Gemüse muss unbedingt in die Küche und zubereitet werden. Es verderben zu lassen, ist gegen Gottes Gebot."

Mahlzeiten und Mehlspeisen

Seit Mutter wieder das Mittagessen kochte, hatte July auch wieder Hunger.

Es gab außer Gemüse und Bratkartoffeln noch vieles mehr, was ihr schmeckte. Ganz besonders mochte sie die süßen Mehl- und Eierspeisen mit Obst sowie Mutters saftigen Streuselkuchen mit den dicken Butterstreuseln darauf.
Julys Eltern und Tante Hilde, die ihren Besuch – noch einmal – verlängert hatte, waren hocherfreut.
„Gott – sei – dank! Unsere July isst wieder!"
July kümmerte sich nicht um diese Reden.
Aber sie legte zu. Pfund für Pfund.
Nach einigen Wochen konnte man eine Veränderung sehen.
„Unsere Kleine hat ein richtiges Bäuchlein bekommen", scherzte der Vater.
„Wenn du weiter so große Mengen isst, bekommst du einen richtigen Ranzen oder wächst in die Höhe, so wie der Riese Rübezahl!", grinste Bruder Theo.
„Blödmann, und selber Rübezahl!", murmelte July leise zwischen den Zähnen.
„Wenn du dann in die Schule kommst, hast du zwei Ranzen. Einen vorne und einen hinten!", frotzelte der Onkel in seiner gewohnten Weise.
„Von den dicken Ranzen gibt es bei uns in der Familie genug!", meinte Thomas hämisch, mit einem Blick auf seinen Vater.
Jetzt seid aber still!" sagte die Mutter." Es gibt so viele arme Negerlein, die hungern müssen, weil sie kein Essen haben!
Es fielen noch weitere Worte …
July reagierte nicht auf die Bemerkungen, sondern verlangte einen weiteren Löffel vom Vanillepudding mit Schokoladensoße, den sie auch bekam.

Beim nächsten Mittagessen sagte Tante Hilde, die July eine Weile beobachtet hatte, zu Julys Mutter: „Sie schlingt ja richtig!", und zu July: „Du musst besser kauen, mein liebes Kind!"
„Ich bin nicht dein liebes Kind!", entgegnete July mit vollem Mund und kniff die Augen zusammen. „Und auch nicht dein armes Negerlein!"
Tante Hilde blickte empört auf Julys Mutter, die aber nichts dazu sagen wollte, sondern sich erhob und sich am Herd zu schaffen machte.
„Vielleicht sollte July mehr Obst vom Garten essen und nicht immer so viel Süßes aus Mehl", mischte sich unerwartet der Vater ein und und schaute nachdenklich hinunter auf seinen Bauch.
„Ach lasst sie doch, ich bin so froh, dass sie jetzt endlich wieder richtig isst", lenkte die Mutter ab, die selbst gerne Kuchen und süße Mehlspeisen aß. „Die Gottesmutter hat mich schon erhört", murmelte sie erleichtert. „Und meine Gallenschmerzen sind fast weg."
July kümmerte sich weiterhin nicht um das Gerede.
Sie aß neuerdings fast alles, was auf den Tisch kam, auch das, was sie früher verabscheut hatte: Den Rehbraten mit Blaukraut, den Hasenpfeffer mit dunkler Blutsoße und Klößen, das gekochte Entenjung mit dicker Einbrennsoße, den Schweinebraten mit Wirsing, den Jägerbraten mit den gebräunten Zwiebeln, die fetten Leberwürste mit Sauerkraut, die Kartäuserklöße mit gebräuntem Zucker und die Kartoffelreibekuchen mit Gurkensalat.
Oft war ihr danach speiübel und sie kotzte alles wieder aus.
Niemand merkte davon etwas.
Wenn du so immer solche Mengen verdrückst, wird aus dem Dornröschen July eine Frau Holle," gab ihr der Vater zu bedenken.
July warf ihm einen bösen Blick zu.
Die Mutter nahm sie in Schutz: „Sie ist doch im Wachsen!"
„Ich auch", lachte der Onkel und nahm sich noch einen Kloß.
„Besonders an bestimmten Stellen!", grinste Thomas.

July kaute ungerührt an einem Stück Fleisch und zuckte beiläufig mit den Achseln:
„Ich werde sowieso Filmschauspielerin und keine Frau Holle."
Es entstand eine kurze Pause.
„Aha!", sagte ihr Bruder Theo gelassen, den Mund voller Blaukraut, und mampfte weiter. „Das verschlägt einem glatt die Sprache!"
„Ja also, ich werde … ", spann July weiter, spitzte die Lippen zu einem Schmollmund und blickte herausfordernd in der Familienrunde umher.
„Ich werde so wie … Brische Bardoo!"
„Wo das Kind nur solche Namen her hat", wunderte sich die Mutter arglos, während der Rest der Familie mit wildem Gehuste und Räuspern versuchte, ein weiteres Nachforschen der Mutter zu unterbinden.

July hatte am vergangenen Samstagabend nicht einschlafen können und sich in das dunkle Wohnzimmer geschlichen, wo Vater und Bruder Theo vor dem neuen Fernsehgerät saßen, während sich die Mutter zum wöchentlichen Samstagsbad im Badezimmer aufhielt.
Es lief gerade die Spätausgabe der Tagesschau, und der Nachrichtensprecher sagte: „Dieser neue französische Kinofilm *Und immer lockt das Weib* – das ist ein Skandal!"
July sah dann einige Fotos von einer schönen blonden Frau.
„Das ist ein Weib! Großer Busen, tolle Beine!", stupste Theo den Vater an, der neben ihm auf dem Sofa schnarchte. „Erinnert mich an unsere neue Nachbarin!"
Doch der Vater schnarchte weiter, und July schlich sich wieder ins Bett, bevor sie entdeckt wurde.

Badetag

Nur am Samstags wurde im Gruberhaus der große kupferfarbene Badeofen mit Zeitung, Holz und Kohle angeschürt.

Am Sonntagmorgen konnte man noch die angenehme Restwärme vom vorherigen Badetag genießen.
Das Badezimmer war ein dunkler Raum. Das einzige Fenster führte auf einen Gang, nämlich auf die überdachte Altane, und man musste am Fenster vorbei, wenn man zur Toilette ging, die am Ende des Ganges lag.
Zur Bade– und Waschzeit waren die Vorhänge des Fensters geschlossen.
Julys Mutter versäumte es nie, auch den kleinen Spalt in der Mitte der Vorhänge zu schließen, während es Julys Vater nicht so genau nahm, so dass man ihn beobachten konnte. Meistens schlief er in der Badewanne und schnarchte laut, wie July feststellte, wenn sie in Sachen Detektiv vorbeihuschte. Manchmal hatte er den Rest von einer Zigarre im Mund, die er Stumpen nannte, und die noch glimmte. Sie ging dann aus oder fiel ins Wasser. Ein einziges Mal fiel sie auf seine Brust und hinterließ einen roten Brandfleck, weil er erst aufwachte, als er schon den Schmerz verspürte und *Detektiv* July gleichzeitig einen kleinen Schrei ausstieß.
Im Winter gab es Ausnahmen.
Wenn es draußen viele Minusgrade hatte, dann wurde der Badeofen außer am Samstag, auch einmal in der Mitte der Woche geheizt, um die Raumtemperatur im Badezimmer zu erhöhen.
Vater Gruber badete gewöhnlich am Samstagnachmittag gegen fünf Uhr.
Vor ihm durften July und danach Elsa baden, aber in einer mit wenig an Wasser gefüllten Wanne, damit dem Vater später genügend warmes Wasser zu Verfügung stand. Das Wasser

im Badeofen musste sich nach jedem Bad immer wieder aufwärmen.

Elsa ließ das Badewasser von July nicht ab, sie fügte neues Wasser aus dem Badeofen hinzu, um in mehr Wasser baden zu können.

Theo und Thomas badeten nie, sie gingen zum Waschen meist in die Waschküche, wo eine Duschvorrichtung angebracht war.

Der Onkel hatte keinen Zutritt zum Badezimmer, so hatte Mutter es angeordnet.

Julys Mutter badete immer zuletzt.

Nach dem Bad ihres Mannes legte sie in den Badeofen noch einmal etwas Kohle nach und begnügte sich mit dem restlichen warmen Wasser.

Am Schluss des Badetages, wenn sich Julys Mutter im Badezimmer aufhielt, war es verboten, sich in dieser Zeit am Teil des langen Altanenganges, der auch zur Toilette führte, aufzuhalten. Wer aufs Klo gehen musste, benutze den Abort im Hof.

Die Brüder gingen zum Pinkeln meistens in den Garten, bis an den Zaun des Nachbargrundstückes und rauchten dort eine Zigarette.

„Jetzt hat die Mutter wieder die *Schotten dicht gemacht*, doch der Jesus erscheint nicht!" Das war dann regelmäßig von Julys Vater als Kommentar gekommen.

Warum die Vorhänge am Badezimmerfenster *Schotten* hießen, verstand July nicht.

Einmal hatte sie ihre Mutter gefragt, warum sie die Schotten dicht mache, wie Vater sagte. Damals hatte sie als Antwort bekommen, dass man einen sündigen Körper habe und den solle niemand sehen und man selbst solle sich auch nicht ansehen. Julia solle, sagte sie streng, lieber zur Muttergottes beten und nicht so unnütze Fragen stellen.

July fragte dann nicht mehr.

Elsa zog die Vorhänge nie ganz zu, wenn sie sich wusch, es blieb ein kleiner Spalt dazwischen.

July schlich sich manchmal in den Altanengang und beobachtete sie heimlich. Elsa schaute sich im Spiegel an und spritzte unbekümmert mit dem Wasser aus dem gefüllten Waschbecken umher. Sie wusch sich mit Unterhose bekleidet, bevor sie sich das Nachthemd überzog.
July konnte ihren nackten Oberkörper sehen.
Da hingen Brüste. July wusste, dass Frauen so etwas hatten, aus den Gesprächen der Männer: Die nannten es, Busen oder Busento oder eben Brüste.
Was ein Busen sei, hatte sie einmal Theo und Thomas gefragt, die lachten laut auf und sagten, July solle das *Dekolletee* der schönen Frauen im Fernsehen betrachten und das, was darunter sei, sei der Busen. Oder bei der Nachbarin Frau West schauen. Bei den anderen Nachbarinnen würde sie umsonst einen guten Busen suchen, die hätten nämlich alle ihre weiten Schürzen darübergestülpt.
July hatte die schönen Frauen im Fernsehen beobachtet, allerdings hatte sie bei ihnen den Busen nie so deutlich sehen können wie bei Elsa.
„Hat die Mama auch so was?", dachte sie verwirrt. Noch nie hatte July ihre Mutter nackt gesehen, aber sie hatte gespürt, wenn sie auf Mutters Schoß gesessen war, dass da etwas Dickes, Warmes verborgen war.
Sie schlich sich leise davon.
Was hatte Mutter gemeint und was der Vater?
Den dichten Schotten kam sie auch nicht auf die Spur, niemand konnte ihr eine hinreichend befriedigende Antwort geben.
Einmal sagte der alte Mann vom Haus gegenüber, der sehr viele Bücher in seinem Wohnzimmer stehen hatte: „Schotten, ja die gäbe es, die seien wohl nach dem Krieg gekommen. Die sprächen nicht Deutsch, sondern nur Englisch." Aber auch diese Antwort blieb für July ein Rätsel.

Ein Schäferhund im Hof

Eines Morgens wurde July von lautem Hundegebell geweckt. Der Onkel hatte aus seinem Heimatort einen jungen Schäferhund mitgebracht.

Im Hof war eine heftige Diskussion entstanden, die der Vater schließlich mit einem Machtwort beendete: „Jetzt ist er da, der Hund, jetzt soll er erst mal bleiben."
Harras bekam in einer Ecke des Hofes eine Hundehütte, an der er angekettet wurde und sollte zum Wächter für das Grundstück abgerichtet werden.
Jemand hatte am Wochenende versucht, in die Werkstatt einzubrechen, war aber von den heimkommenden Theo und Thomas überrascht worden und unerkannt geflüchtet.
Der Hund zog das linke Hinterbein etwas nach, ähnlich wie es der Onkel mit seinem Bein tat.
„Wahrscheinlich war da einmal ein Bruch, der nicht so gut zusammengewachsen ist", mutmaßte der Onkel. „Das macht ihn umso schärfer, wenn dieser Lump noch einmal auftaucht!"
Gebannt beobachtete July an der Hand der Mutter, wie der Onkel dem Hund einen kaputten Gummiball zuwarf: „Harras, fass'!" Schon hatte Harras den Ball zwischen den Zähnen und schleuderte ihn knurrend hin und her.
Die Mutter runzelte die Stirne und sagte streng zu dem Onkel: „Ich möchte nicht, dass dieser Hund eine Gefahr für July ist. Hast du gehört?"
„Das war doch nur ein Späßchen von mir", schwächte dieser ab. „Zu Kindern und Weiberleuten ist er lammfromm."
„Wer 's glaubt, wird selig!", murmelte Elsa im Hintergrund.
July hatte Angst vor dem Hund, auch wenn der meist schläfrig und fast regungslos vor der Hütte lag. Manchmal fletschte er die Zähne und sprang an der Kette wie ein Besessener hin und her. Nur mit Mühe war sie dazu zu bringen, sich ihm zu

nähern, während ihn der Vater an der Leine hielt und ihn *Platz* machen" ließ. Auch wenn Julys Vater stolz sagte: „Schau, er folgt doch aufs Wort!", und ihm wiederholt befahl: „Sitz Harras!" , weigerte July sich dennoch, ihm über das Fell zu streichen und versteckte schnell ihre Hände hinter dem Rücken.
Auch Elsa und die Mutter hatten Angst vor dem „Biest", wie sie es nannten. Vorsichtshalber spähten sie erst in den Hof, wenn sie in den Garten oder in die Waschküche gingen, um zu kontrollieren, ob der Hund auch angekettet war.
July mied den Hof weiterhin.
Viel lieber ging sie mit Emma und Moritz zu den Wiesen hinter dem Bach, wo Moritz im dichten Gras herumtollte und July ihm Stöckchen zuwarf.
„Warum bellt Harras so böse, und warum ist Moritz so lieb?", fragte sie Emma. „Hat Gott nicht gesagt, dass alle Menschen gleich sind? Dann müssen Hunde es auch sein und sich alle Hunde lieben, denn sie haben weniger Verstand als die Menschen!"
Emma stutzte: „Wer hat dir das gesagt?"
„Dein Mann neulich, als ich ihn was Wichtiges fragte", gestand July, „aber ich habe nicht alles verstanden!"
Emma dachte kurz nach und sagte: „Moritz und Harras haben eine verschiedene Erziehung, deshalb verstehen sie sich nicht. Harras wurde immer getreten und geschlagen – und Moritz, den lieben wir. Bei den Menschen ist es auch so. Manche werden geliebt und manche nicht. Dann sind sie eben nicht gleich und nicht immer gute Menschen"
Sie gab July einen Kuss und warf dann ein Stöckchen zu Moritz, dem July hinterher lief.

Der August war fast vorüber. Julys Einschulung rückte näher. Kurz vor Schulbeginn ließ sie sich von Vater und Mutter überreden, aus dem elterlichen Schlafzimmer auszuziehen.
„Du bekommst einen eigenen Schrank, einen eigenen Schreibtisch, ein Nachtkästchen und ein neues Regal!"

„Und du bekommst das Zimmer neben Elsa und kannst sie sogar schnarchen hören," schmunzelte der Vater.
„Dein altes Bett bleibt stehen. Wenn du schlecht träumst, dann kannst du bei uns im Zimmer schlafen." Mutter nahm Julys Hand in die ihre.
Sie dunkelte die kleine Nachttischlampe in Julys neuem Schlafzimmer mit einem Tuch ab.
„Die bleibt so lange an, bis du eingeschlafen bist. Dann hast du keine bösen Träume!", sagte sie fürsorglich.

Einschulung

Bei Schulbeginn kannte July schon – dank Emma West – viele der Buchstaben.

Ihren Mitschülern war sie im Lesen und Schreiben bald weit voraus und ihre oft kuriosen Äußerungen riefen zum Teil ein unverhohlenes Erstaunen bei den Kindern hervor. Alles wäre zum Besten gestanden, wenn sie nicht den Unmut und Unwillen von Frau Schulze, ihrer Klassenlehrerin, auf sich gezogen hätte, die mit Julys erfrischender und auch altkluger Art nicht zurecht kam, so wie July nicht mit ihrer sauertöpfischen Strenge.
„Julia, man spricht nur, wenn man aufgerufen wird!" – „Julia, du bist nie bei der Sache!" – „Julia, mäßige dich!" – „Julia, was gibt es draußen Interessantes zu sehen? Schau an die Tafel, daheim kannst du aus dem Fenster schauen!"
July war inzwischen klug genug und wusste durch die Erfahrungen im Kindergarten und in der Familie, dass es besser war zu schweigen anstatt missverstanden zu werden.
Aber auch das gefiel Frau Schulze nicht. „Julia, träumst du schon wieder?" – Julia, ich habe dich etwas gefragt!"
Einige Kinder schlossen sich der ablehnenden Haltung der Lehrerin an und machten July, besonders in der Pause, zum Gegenstand ihrer verbalen Angriffe.
„July ist eine Dickmadam! Hihi! Eine Dickmadam, dicke Dickmadam!"
„Ihr könnt mir alle gestohlen bleiben!", July drehte sich schnell um und stellte sich abseits an die Schulhofmauer, damit man sie in Ruhe ließ.
Die Turnstunden wurden für die inzwischen etwas rundlich gewordenen July zur Qual.
Schon am Morgen auf dem Weg zur Schule bekam sie ein mulmiges Gefühl im Bauch, auch wenn sie nach außen so tat,

als würde sie das alles nichts angehen und eine gleichgültige Miene bewahrte.

Das Abschlagen und Zerren beim *Katz – und Mausspiel* hasste sie wie die Pest. Ebenso auch das Spiel *Schwarzer Mann*, zumal sich zwei der Buben beim Fangen regelmäßig auf sie stürzten, sie als *Gefangene* festnahmen und sie an ihren langen Zöpfen hin- und herzogen.

Später nach der Schule und bevor das Mittagessen begann, zog sich July mit ihrer Stoffkatze Norika in der Scheune zurück. Dort setzte sie sich auf ihre Schaukel, wo niemand sah, dass sie bitterlich weinte.

Wenn Emma West mit ihrem Mann und Moritz nicht auf Reisen war, flüchtete sie sich am Nachmittag oft ins Nachbarhaus.

Emma fragte nicht viel, sondern gab July etwas in ihrer Werkstatt zu tun. Beide formten kleine und große Klumpen aus Erde zu Figuren, und Emma stellte sie in den Brennofen, wo sie dann richtig hart wurden.

Manchmal wurde July von den Kunden gefragt, wie es ihr in der Schule gefalle und sie antwortete wahrheitsgemäß: „Die Schule ist blöd! Und die Kinder sind gemein!"

Julys Mutter beeilte sich, ihrer Tochter bei der Antwort zuvorzukommen, indem sie ausrief: „So eine Frage! So eine Frage! Julia kann doch schon so gut lesen. Sie hat es in *Null Komma nichts* gelernt – ganz ohne jede Hilfe! Auch ihre Lehrerin, Frau Schulze, hat sie gelobt."

Heimlich beschloss July eine Diät zu machen, wie es ihre Mutter sich manchmal – und ohne sichtbares Ergebnis vornahm. „Ich will kein *Dickmadam* mehr sein", betete sie zu ihrem Schutzengel. „Bitte, bitte, bitte! Hilf mir, mach mich dünn!"

Sie bekam zwar keine direkte Antwort, aber sie war ganz sicher, dass ihr tägliches Pausenbrot zu allererst daran glauben müsse. Manchmal schenkte sie es her und manchmal legte sie es heimlich in eine Ecke. Es in den Abfallkorb zu werfen,

wagte sie nicht, denn das Wegwerfen von Brot galt als absoluter *Frevel Gottes*.
Bald wurde sie verpetzt.
„Julia, kannst du mir verraten, warum du dein Pausenbrot nicht essen willst?" Die Lehrerin schaute sie missbilligend über ihren Brillenrand an.
July schwieg zuerst, dann schluckte sie. „Ich will nicht so schrecklich dick werden wie Mama und Papa. Außerdem werde ich Filmschauspielerin!", stammelte sie trotzig.

Am nächsten Tag, nach der Frühmesse, kam Frau Schulze auf Julys Mutter zu und sagte, sie müsse mit ihr einige ernste Worte über Julias Verhalten sprechen.

Diäten und Tischgebete

Wieder einmal entfachte sich ein Sturm im Elternhaus.

„Julia! Wie kannst du nur so undankbar sein! Weißt du, wie viele kleine Negerkinder auf der Welt hungern müssen und nichts zu essen haben?", predigte ihr die Mutter vor dem Mittagessen und schüttelte missbilligend den Kopf.
„Ich will aber nicht so dick werden wie du und Papa!", Julys Stimme war schrill und aufsässig. „Ich will Filmschauspielerin werden."
Die Mutter war außer sich: „Julia, du gehst sofort auf dein Zimmer und bekommst heute Abend nur ein Glas Milch!"

Beim nächsten Mittagessen saß July wieder mit am Tisch dabei.
Es gab Kaiserschmarren mit Apfelmus.
Das wurde sogar von den Männern gerne gegessen.
July mochte das zwar auch gern, aber sie aß nur ein wenig von dem Apfelmus. Der Kaiserschmarren blieb auf ihrem Teller liegen. Als das Essen beendet war, musste sie am Tisch sitzen bleiben. „Jetzt werden dem Fratz die Leviten gelesen!", meinte Thomas schadenfroh beim Hinausgehen.
„Ich will zu meiner Schaukel in die Scheune!", maulte July
„Du isst jetzt deinen Teller leer. Und keine Widerrede!", schimpfte die Mutter.
Aber July weigerte sich, schleuderte ihre Gabel über den Tisch und weinte: „Das blöde Essen macht mich dick, ihr seid alle so dick, – du und Papa. Ich will dünn sein! Und ich werde später Filmschauspielerin. Ihr seid alle zum Kotzen!"
Auch eine Ohrfeige half nicht weiter. Schließlich kapitulierte die Mutter wortlos, und July durfte die Küche verlassen.

Vor dem Abendessen verkündete die Mutter, sobald alle saßen: „Ab morgen gibt es ein neues Tischgebet! Damit wir alle die Gaben Gottes, die uns laben, auch wirklich schätzen lernen. Ihr könnt euch alle schon einmal Gedanken machen und etwas dazu beitragen!" Schnell fügte sie hinzu: „Wir essen heute schweigend, um darüber nachzudenken, das ist eine Bitte. Das tut uns allen ganz bestimmt gut!"

Am Abend, nachdem July schon im Bett und Vater Gruber vom Kartenspiel noch nicht zurück war, setzte sich die Mutter an den Tisch und suchte aus einem Gebetbüchlein ein neues Gebet hervor, das die Familie lernen sollte. Es durfte auch nicht zu viele Zeilen haben.

Schließlich schrieb sie auf ein weißes Blatt Papier:

> *Vater, wir leben von deinen Gaben,*
>
> *an denen wir uns gerne laben.*
>
> *Segne das Haus und segne das Brot.*
>
> *Gib uns die Kraft, von dem, was wir haben,*
>
> *denen zu geben – in Hunger und Not.*

Dann fügte sie noch den Zweizeiler hinzu:

> *Komm, Herr Jesus, sei unser aller Gast*
>
> *und segne, was du uns bescheret hast.*

Während sie überlegte, ob sie jetzt noch *Pax vobiscum* dazu schreiben sollte, wie es der Pfarrer oft während der heiligen Messe sagte, öffnete sich die Küchentür.
Ihr Mann war vom Stammtisch heimgekommen und stand leicht schwankend mit gerötetem Gesicht im Türrahmen.
Aus seinen Reden ging hervor, dass auch er ein *ganz prima Gebet* habe und alle im Wirtshaus beim Dichten mitgeholfen hätten. Auch der neue Pfarrer, habe seinen dichterischen Beitrag dazu geleistet, nachdem er beim Schafkopf dauernd verloren habe.

Aus seiner Hosentasche zog Vater Gruber mehrere zerknüllte Zettel und glättete diese auf der Tischplatte, ohne auf die verdutzte und abweisende Miene seiner Frau zu achten.
Dann stellte er sich mit einiger Mühe in Positur und las laut vor:

> *Dir sei, o Gott, für Speis' und Trank,*
>
> *für alles Gute, Lob und Dank.*
>
> *Und für alles, was ist noch im Vorratsschrank.*
>
> *Wir hatten schon lange keinen Schlachttag mehr.*
>
> *Da muss ein neues Schwein jetzt her!*
>
> *Vielleicht kommt auch der Pfarrer dann her.*
>
> *Amen.*

Zwei Tage redete Julys Mutter kaum mit dem Vater und schaute beleidigt weg, wenn er eine Anspielung auf sein *schönes Tischgebet* machte.

Das neue Gebet von Julys Mutter war inzwischen eingeführt worden und alle hatten die Zeilen, die sie vortrug, beflissen nachgesprochen, um sie wieder versöhnlich zu stimmen.
„Das *Pax vobiscum* hat wohl doch geholfen", dachte sie befriedigt und schickte leise ein Stoßgebet zu Jesus als Dank hinterher.

Weitere Szenen und Schauspieler

Viele Gedanken gingen July im Kopf herum, doch die waren keineswegs friedlicher Natur.

Sie war kürzlich mit Elsa einige Male am Kinosaal vorbeigegangen und beide hatten lange das Kinoplakat, auf dem eine wunderschöne Frau namens Sissi zu sehen war, bestaunt.
Im und auf dem Nachtkästchen ihrer Brüder hatte sie in letzter Zeit viele Fotos von schönen Frauen im Badeanzug oder Prinzessinenkleid gefunden.
Die Filmschauspielerinnen gebe es aus *Heinerles Wundertüten* zum Sammeln, bekam sie von Theo zur Antwort. Nein, die Sissi sei nicht bei den Bildern dabei, fügte er auf ihre Frage hinzu, und überhaupt sei July noch zu klein, um das zu verstehen.

Einige Tage später – gleich nach dem allgemeinen Aufsagen des neuen Tischgebetes – als Mutter die Suppenschüssel auf den Tisch stellen wollte, sagte July mit lauter Stimme: „Ich will so schön und dünn werden wie Sissi."
„Wer ist denn Sissi?", fragte Theo neugierig.
„Ist das *Brische Bardoos* Schwesterchen?", fragte auch Thomas und grinste.
July ließ sich nicht aus der Ruhe bringen.
„Sissi, die ist eine wunderschöne Braut vom Kino. Sie wird Prinzessin und bekommt einen Prinzen und eine Krone und lebt in einem Schloss", belehrte sie ihre Brüder und schaute bedeutungsvoll in die Tischrunde.
Entgeistert schüttelte der Vater den Kopf: „Mutter, weißt du da etwas davon?"
Elsa schnaufte plötzlich tief auf und hob ängstlich den Blick.
Dann gestand sie bekümmert mit ungewohntem Redefluss: „July und ich. Na ja! Wir waren neulich am Samstag Nachmittag ein Viertelstündchen im Kinosaal. Da war der Film

Sissi. Wir schauten zu. Der Film war fast schon zu Ende. Ehrenwort, es war wirklich nur ein Viertelstündchen. Im Kino war es ganz dunkel. Wir saßen weit hinten bei der Tür. Keiner hat uns gesehen. Und das Kino ist ab sechs Jahren. Das stand dabei, außen – auf dem Plakat. Und die July ist doch schon sechs."
„Aber da hätte man doch die Eltern um Erlaubnis fragen müssen", mischte sich Tante Hilde entrüstet ein. „Zu meiner Zeit gab es so etwas nicht!"
„Da bleibt einem doch glatt die Spucke weg!", staunte der Onkel und schniefte in sein braunes, verschmutztes Stofftaschentuch.
Gerade wollte Mutter Gruber die Elsa tadeln, weil sie eigenmächtig gehandelt habe und wissen, ob im Film *etwas Sündiges* oder *offene* Kuss-Szenen zu sehen gewesen seien, da brach es aus July hervor: „Ich sag euch: Das war eine echte Prinzessin! Sie ist wunderschön. So werde ich auch mal. Die ist nicht so dick wie Tante Hilde oder Mama!"
„Wann gibt es jetzt mal endlich was zu essen!" sagte Thomas. „Ich habe Hunger und euer Theater jetzt satt!"
Julys Vater war zuerst ganz ruhig geblieben.
Aber sein Teller war noch immer leer – und sein Bierglas schon fast leer.
Ungeduldig stand er auf, der Stuhl fiel nach hinten.
„Was habt ihr Weiberleut denn bloß?", polterte er los.
„Papa, um des lieben Friedens willen! Jetzt setz dich doch wieder und sei nicht so grantig!", bat die Mutter.
Aber dieser ließ sich nicht mehr halten.
Erzürnt schaute er auf July: „Der liebe Gott hat deiner Mama so einen schönen runden Arsch gegeben. Deo gratias!"
Ungestüm gab er seiner Frau einen leichten Klaps auf den Hintern. Julys Mutter lief rot an, aber bevor sie ihrem Ärger Luft machen konnte, fiel ihr der Schöpflöffel aus der Hand und mit lautem Getöse auf den Boden.
„Herrgott, Papa!", hub sie an, doch sie wurde unterbrochen.

„Spendet doch die Brote, die July nicht essen will, den vielen armen schwarzen Negerkinderlein!", schlug Thomas süffisant vor.
Auch der Onkel mischte sich ein und eröffnete ein neues Thema. Er gab einen Tratsch zum Besten, den er im Singsang vortrug: „Die Nachbarin bekommt bald auch ein Negerlein. Da geht ein Schwarzer so aus und ein! Muss ja wohl ein Ami sein!", dann fügte er hinzu: „Die hören immer so amerikanisches Schlagerzeug: Rock on so eine Glock! Oder wie die dazu sagen."
Beide Brüder lachten laut auf: „Mensch Onkel, du alter Arsch! Das ist der Hit: *Rock around the clock.* Das ist *Rock 'n' Roll*. Ein heißer Rhythmus! Es gibt auch einen *deutschen Ami*, den Peter Kraus. Der macht auch ganz heiße Töne. Darauf tanzen wir jeden Samstag in den *Rockstuben* im *Rathaus Keller*, droben am Marktplatz!"
Julys Mutter war fassungslos, hob den Suppentopf noch einmal hoch und stellte ihn ab, doch sie kam zu keinen weiteren Worten.
„O lieber Heiland! Wo bist du jetzt?", dachte sie, sank auf ihren Stuhl, schnaufte laut auf und schaute hilflos zu ihrer Kusine hin, die empört aufgestanden war.
Tante Hilde war puterrot im Gesicht und schob böse ihr Kinn vor: „Sodom und Gomorrha!", begann sie mit schriller Stimme. „Was sind das nur für Zeiten! Ihr Sünder! Wir hatten im Krieg immer zu wenig zu essen. Dein Vater, July! Pass auf! Er ist im Waisenhaus aufgewachsen. Da war der Koch der Hunger. Und jetzt pass weiter auf! So viel an Naschzeug wie für dich, July, das gab´s höchstens mal an Weihnachten! Und schon gar nicht für diese Juden oder jetzt die Negerlein! Zu meiner Zeit hat man mehr gebetet. Und pass auf! Deine Mutter, deren Mutter starb auch, – viel zu bald, und … "
Ungestüm stand July auf.
Sie kreischte so laut, dass es allen durch Mark und Bein ging: „Ihr mögt mich nicht! Wenn ich groß bin und viel Geld habe, werde ich wie Sissi. Oder ich haue ich ab nach Amerika, zum Film."

Diesmal wurde sie ohne Mittagessen auf ihr Zimmer geschickt.

Julys Tränenstrom versiegte erst bei Elsas tröstender Zuwendung, die der familiären Auseinandersetzung wie immer mit offenem Mund gefolgt war und schon vergessen hatte, dass sie ihren Teil am Familienstreit beigetragen hatte. In ihrer Schürzentasche ließen sich einige Himbeerbonbons und etwas Schokolade finden. Sie tröstete die schluchzende July, indem sie ihr behutsam die Haare bürstete, ihre Zöpfe neu flocht, sie auf ihrem Kopf auftürmte und bewundernd sagte: „July, du hast solche Haare wie die Rapunzel aus dem Märchen. Keiner, wirklich keiner aus der Familie hat solche schöne Haare."

Beim Abendessen spielte July mit ihren Brotschnitten.
„Julia, jetzt sei doch vernünftig. Ein Schulkind muss essen!", versuchte es die Mutter immer wieder.
„Damit du groß und stark wirst, so wie die … du weißt schon!", witzelte der Onkel.
Nach einer Pause sagte July: „Ich will nicht solche Atombusen wie die Tante. Und auch nicht so große wie Mama. Höchstens solche Busen, wie die von Elsa oder Prinzessin Sissi."
Die nachfolgende Stille sprach Bände.
„Heilige Jungfrau Maria aller Gnaden!", brach es aus der Tante hervor. „Ich habe es gewusst. O Herr, vergib uns unsere Schuld! Das Kind ist frühreif. Wir sollten sie bald zur Beichte schicken!"
„Ich bin klein, mein Herz ist rein", spöttelte der Onkel mit seinem abgründigen Humor.
„Um des lieben Friedens willen … ", begann die Mutter ihre Rede, doch dann brach sie verwirrt ab, und ihr üblicher predigender Redestrom versiegte. „Warum prüft mich Gott so!", setzte sie mit kraftloser Stimme hinzu und holte tief Luft: „Der Herr Pfarrer sagt doch immer … "

Krachend landete die kräftige Faust des Vaters auf den Tisch.
„Genug! Ihr haltet jetzt alle mal euer blödes Schandmaul!",
brüllte er.
Die Schüsseln und Teller sprangen vom Tisch hoch, und das Besteck klirrte. Vater Gruber brüllte weiter: „Ihr dummes Weibervolk! Es reicht jetzt mit dem scheinheiligen Getue. Ihr seid ja alle plemplem!"
Zum Onkel sagte er: „Dein ewiges Gefrotzel reicht jetzt auch."
Mit grimmigem Blick schaute er dann die Tante an: „Und du Hilde, du pass jetzt selber auf! Du alte Schreckschraube – bist überfällig. Dich heuchlerische Schlange habe ich jetzt lange genug an meinem Tisch genährt!"
Er setzte sein Bierglas so heftig ab, dass der Inhalt hochspritzte und sich auf dem Tischtuch verbreitete. Mit einem Krach schob er den Stuhl zurück, stand auf und verließ mit einem derben Schimpfwort bezüglich seines Allerwertesten den Raum.

Es gab keinen wirklichen Sieger.
Julys Mutter verlor einige Kilo.
Vater gewann beim Schafkopf.
Die Tante reiste beleidigt ab.
„Das hat man nun von seiner Gutmütigkeit! Das muss ich mir von euch nicht bieten lassen!", schrie sie beim Weggehen und ballte ihre Faust zum Gruberhaus.

Die Katze ist weg

Dann kam ein besonderer – ein fast rabenschwarzer Tag.

Es begann damit, dass Julys Mutter bereits am Vorabend entdeckt hatte, dass aus der Ladenkasse ein größerer Geldschein fehlte. Sie verdächtigte als Dieb jemanden aus der Hausgemeinschaft, weil sie den Schein kurz vor Ladenschluss abgelegt habe und kein Kunde mehr dagewesen sei.
„Diese Verdächtigungen sind völlig aus der Luft gegriffen! Ich bin saumüde. Morgen früh wird sich das alles aufklären!", wich Julys Vater der Auseinandersetzung aus, nachdem er zur vorgerückten Stunde, ziemlich alkoholisiert, vom Kartenspiel aus der Stammkneipe zurückgekommen war. Er wandte sich schnell ab und stapfte mit schweren Füßen die Treppe hoch, ohne sich weiter um das Gerede seiner Frau zu kümmern, die ihm aufgebracht hinterher rief: „Du alter *Hollermöffel*! Kannst wohl bloß noch ins Wirtshaus!"
Der nächste Morgen brachte jedoch kein Licht in die Angelegenheit, sondern im Laufe der Stunden weitere Probleme und Ärgernisse.

Julys Vater hatte einen ziemlichen Brummschädel und ein blaues *Veilchen* am linken Auge. Schuld daran, waren einige Runden Schnaps am Stammtisch und eine Prügelei.
Erst hatte Vater Gruber unentwegt beim Schafkopfspiel verloren, sogar das *Eichel–Solo*, was er sich überhaupt nicht erklären konnte. Als er vom Klosett zurückkam, schaute er als fünfter Mann zwei Runden zu, da ein Nachbar, als *Brunzkartler* für ihn eingesprungen war.
„Wie kann man denn so einen Mist spielen!", hatte Vater Gruber schließlich aufgebracht gerufen, und die beiden Männer waren miteinander in Streit geraten, wobei einige Fäuste geflogen waren. Man hatte, mit viel Mühe, die beiden Kampf-

hähne getrennt und nach einer Runde Schnaps, als sich die Gemüter beruhigt hatten, weitergespielt.

Dann war zu später Stunde ein Kunde von Herrn Gruber ins Wirtshaus gekommen, der sich geweigert hatte, seine Rechnung zu bezahlen, da er mit der Arbeit der Firma Gruber sehr unzufrieden gewesen wäre. Julys Vater hatte, nach einem hitzigen Wortwechsel, die Spielkarten auf den Tisch geworfen, war wortlos aufgestanden und hatte sich auf den Heimweg gemacht.

Julys Mutter war – ganz in Schwarz gekleidet – zu einer Beerdigung auf den Friedhof gegangen. Eine Nachbarin war gestorben. Die Mutter hatte schon beim Frühstück geweint, was sie immer vor Beerdigungen tat, wenn Menschen gingen, die sie gekannt hatte. Sie reagierte auch nicht auf die halbwegs versöhnlichen Worte ihres Mannes. Nicht nur, weil sie aus traurigem Anlass weinen musste, sondern weil sie noch sehr verärgert war.

Elsa war beauftragt worden, aus den übrig gebliebenen Kartoffeln vom Vortag einen Kartoffelsalat zu machen und später die Würstchen dazu aufzuwärmen.

In ihrer Aufregung – sie war das erste Mal allein und ohne Unterstützung der Hausfrau beim Kochen – schnitt sie sich heftig in den Finger, so dass Julys Vater erst einmal Notdienst machen musste.

„Ich kann doch kein Blut sehen", weinte Elsa. Vater Gruber schlug einen kalten Lappen um den verletzten Finger, drückte den fest darauf, bis fast kein Blut mehr kam. Dann wickelte er einen festen Verband um Elsas Finger – und auch um ihre Hand.

Dem Onkel fiel der große Schraubenschlüssel, den wohl jemand an den falschen Ort gelegt haben musste, gleich zu früher Stunde aus dem Regal auf seinen Schädel und hinterließ dort eine ansehnliche Beule.

Thomas, der die Reklamation des Kunden, mit dem Vater im Wirtshaus in Streit geraten war, durch seine nachlässige Arbeit verursacht hatte, war schon den ganzen Morgen verschwunden. Vorher hatte er noch zu Theo bezüglich des On-

kels gesagt: „Endlich hat der alte *Hundsfott* mal was auf den Schädel gekriegt!"
Theo hatte sich bei der Brotzeit auch in den Finger geschnitten. Er wickelte ein Pflaster herum, zog erst einmal eine *Overstolz* aus seinem Zigarettenpäckchen und rauchte sie hinten im Garten. „Wegen dem Schock und so!", wie er zu seinem Vater sagte, und weil er, wie Elsa, kein Blut sehen könne. Darüber hinaus hatte er keine große Lust, die Arbeit des Bruders mitzuübernehmen. Das sagte er natürlich nicht.
Überdies roch es im ganzen Haus nach angebrannter Milch, die Elsa in einem Topf auf dem Herd heiß gemacht hatte und die inzwischen übergelaufen war.

July kam aus der Schule heim und zog die Nase hoch.
In der Küche stieß sie auf ihre Mutter und eine weinende Elsa.
„Iiiiii! Nach was riecht es denn da?", rief sie.
Ohne auf eine Antwort zu warten, warf sie die Schultasche in eine Ecke und verschwand in ihr Zimmer, um sich bei ihrer Stoffkatze Norika über die Macken der Erwachsenen zu beklagen.
Aber wo war Norika? Elsa setzte sie doch immer nach dem Bettenmachen auf Julys Kopfkissen?
Verdutzt schaute sich July in ihrem Zimmer um, suchte im Bett, unterm Bett, in allen den Ecken und dann im Schrank. Die Katze war wie vom Erdboden verschwunden.
July rannte in die Küche.
„Was weiß ich!", sagte die Mutter aufgeregt, „wir sind heute schon viel zu spät mit dem Essen dran. Frag Elsa, die hat heute morgen sauber gemacht!" Doch das Hausmädchen wischte sich die Tränen aus dem Gesicht, schüttelte verneinend den Kopf und zeigte auf ihren weißen Verband an Finger und Hand.
„Sie taucht schon wieder auf", meinte Julys Mutter hektisch, während sie am Herd mit hochrotem Gesicht Mehl und Fett in einer Pfanne anrührte. „Ich muss jetzt das *Einbrenn* für die Suppe fertigmachen. Ich habe keine Zeit, die Katze zu suchen

und Elsa auch nicht, Sie muss mir, so gut sie kann, beim Mittagessen helfen! Die Männer haben Hunger."

July verließ die Küche und suchte weiter.
Im Hausgang, auf den Treppenstufen, unter dem großen Kreuz, wo sie *Inri* mit seinem immerwährend schmerzvollen Blick vorwurfsvoll anstarrte, suchte sie. Sogar bis zur dunklen Nische unter der Treppe wagte sie sich.
Norika blieb verschwunden.
Schließlich rannte sie, in Tränen aufgelöst, zur Werkstatt des Vaters.
„Papa, Papa, meine Katze ist weg!"
Theo lag zwischen seinen Werkzeugen unter einem Auto und blickte nur kurz hervor, während der Vater nur sagte: „Ich habe jetzt andere Dinge im Kopf. Ein großes Schulkind wie du braucht keine Katze mehr!"
„Das meine ich aber auch", dröhnte der Onkel und lachte boshaft. „Vielleicht hat Harras deine süße Katze zum Frühstück verspeist. Der mag kleine Miezen und hat kleine dumme Mädchen zum Fressen gern!"
Julys Tränen versiegten für einen Moment.
Stutzig geworden, wandte sie sich ab und rannte hastig hinaus zu dem Ort, um den sie seit einiger Zeit einen großen Bogen machte, – den Umkreis der Hundehütte im Hof.

Der große Schäferhund lag an der langen Kette vor seiner Hütte, als habe er schon auf July gewartet und beobachtete wachsam das sich nähernde Mädchen. Zwischen sein Pfoten hielt Harras einen großen weißen Gegenstand.
Niemand bekam im Nachhinein heraus, wie die Katze in seine Fänge geraten war, ob sie ihm der Onkel gegeben oder July sie selbst irgendwo hatte fallen lassen. Tatsache war jedenfalls, dass sich der Hund irgendwie der Stoffkatze bemächtigt hatte und diese Beute nun festhielt.
Herbeigerufen durch Julys markerschütterndes Geschrei, das an Lautstärke den Heulton einer Sirene bei Katastrophen-

alarm fast übertraf, standen plötzlich Vater, Onkel und Bruder Theo im Hof und beäugten neugierig den Schauplatz.
Der Tag hatte schlecht begonnen. Jetzt war ein willkommener Anlass für eine unverhoffte Belustigung in Sicht.
Der Hof wurde zur Gauklerbühne.
Der Onkel zeigte seine Zunge und hechelte wie ein Hund: „Wo ist dein Kätzchen? Miezi, Miezi, Miezi!"
„Du fieser Onkel!", July ballte ihre kleinen Fäuste und ging auf ihn los.
Ihr Bruder Theo miaute laut und versuchte einen Handstand zu machen, der ihm allerdings misslang. Er fiel in voller Länge auf den Onkel, riss ihn mit um und beide landeten unfreiwillig auf dem Boden.
„Du hast sie wohl nicht alle, du Depp!", schimpfte der Onkel und verzog sein Gesicht vor Schmerz. „Erst der Kopf und jetzt mein bestes Teil!"
Während Theo schnell wieder auf den Füßen war und um den Onkel herumtanzte, der sich stöhnend das Hinterteil rieb, klopfte Julys Vater ausgelassen auf seine beiden Schenkel und rief: „Das müsste man fotografieren. Das wär was fürs Fernsehen!"
In das dröhnende Lachen der Männer und dem lauten Schluchzen von July mischte sich jetzt das aufgeregte Gebell des Schäferhundes, der immer noch mit beiden Vorderpfoten die Stoffkatze festhielt.

Vater Gruber kam als erster zur Besinnung und hielt plötzlich inne, als habe ihn erst jetzt das herzzerreißende Weinen seiner kleinen Tochter erreicht.
Er sah eine verzweifelte July, aber er hatte keine Idee, wie er dem ganzen Theater Einhalt gebieten könne. Hilflos stand er da und ruderte mit den Armen, als wäre er eine dieser mechanischen Spielzeugfiguren, in deren Rückseite man einen Schlüssel gedreht hatte, um sie aufzuziehen, damit sie sich bewegte.

In diesem Augenblick fühlte July in sich die Kraft des rasenden heiligen Zorns. Zu viel an anzüglichen, gedankenlosen Reden und widerwärtigen Attacken hatte sie in ihrer Kindheit bisher erfahren müssen. Unermessliche Wut kam in ihr hoch. Noch nie in ihrem Leben hatte sie diese heftige Leidenschaft gespürt, die jetzt in ihr explodierte und sich wie ein riesiger Feuerball in ihr ausdehnte .Sie begriff, dass nur sie sich alleine helfen konnte, ihre Katze Norika wieder zu bekommen. Angetrieben von dieser Macht des Zornes war sie jetzt nicht mehr die kleine July, sondern eine Löwin, die ihr Junges verteidigen wollte.

Laut schrie sie: „Niemand rührt meine Katze an. Niemand tut ihr etwas!"

Dann ging sie auf Hundehütte zu, blieb vor Harras stehen und fixierte ihn scharf. Blitzschnell und mit einem Griff entriss sie ihm ihr Kätzchen. Schon war sie wieder weg von der Hundehütte.

Harras blieb liegen, winselte und leckte sich die Pfote.

In der nächsten Sekunde drehte July sich zu den gaffenden Männern um, die wie festgenagelt und völlig überrascht, dastanden. Die vergossenen Tränen glitzerten noch in Julys Augenwinkeln.

Dann brach es laut aus ihr heraus: „Ihr seid so gemein und böse! Das werde ich euch nicht verzeihen. Nie im Leben!"

Sie schüttelte ihren Kopf. Die blonde Haare flogen, und ihre Wangen glühten.

Ein betroffenes Schweigen entstand und die Männer wichen allesamt verlegen zurück.

In diesem Moment kam Julys Mutter, zu der das laute Gelächter, das verzweifelte Weinen ihres Kindes und das Hundegebell bis in die Küche durchgedrungen war, gefolgt von Elsa, in den Hof gestürzt. In der rechten Hand hielt sie einen großen, langen Kochlöffel gleich dem Flammenschwert von Erzengel Michael und schrie mit gellender Stimme: „Kruzitürken! Was macht ihr mit dem Kind? Schand' und Fluch über euch, ihr schlimmen Sünder! Schämt euch alle miteinander!"

Dann blickte sie ihren Mann böse an: „Und du? Wann wirst du endlich ein richtiger Chef und bist am Sagen?"
Vater Gruber kratzte sich am Kopf und war fassungslos. So hatte er seine Frau noch nie erlebt.
Mutter Gruber legte noch einige heftige Worte nach, schnaufte tief durch und sagte am Schluss ihrer Rede zu den Männern: „Ihr dummen *Hanskasper*, ihr habt sie ja nicht alle. Und jetzt, geht an die Arbeit, und zwar sofort!
Der Onkel versuchte noch ein verunglücktes Grinsen, aber keiner sagte ein Wort.
Nicht einmal der Hund bellte. Harras kroch mit einem leisen Winseln zum Eingang der Hundehütte, als würden die scharfen Worte von Julys Mutter auch für ihn gelten.
Die Männer drehten sich um und gingen stillschweigend zurück an ihre Arbeit.

July stand im Hof mit ihrer malträtierten Katze Norika im Arm, ruhig und regungslos, als würde sie auf etwas tief in sich lauschen.
Nicht nur die Tränen waren längst versiegt, als sie die Mutter in den Arm schloss. Auch was sie an Wut und Zorn empfunden hatte, war verschwunden. Auf ihrem Gesicht lag ein sonniges Leuchten.
July hatte sich endlich gewehrt und ihre innere Kraft, die zum Vorschein gekommen war, hatte alle berührt.

Julys Mutter half ihrer kleinen Tochter, das besudelte Kätzchen zu säubern und die schlimmsten Flecken etwas weniger sichtbar zu machen. Dann nähte sie die vom Hund zerbissenen Stellen kunstvoll mit einem weißen Wollfaden zusammen.
„Heile, heile, Segen!", machte Julys Vater bei Katze Norika und blies sanft auf die genähten Stellen. Dann legte er behutsam seine Hände darauf, so wie er es früher bei Julys zerschundenen Knien gemacht hatte.
Elsa kämmte ausgiebig Julys Haar und flocht ihr Zöpfe, die sie zu einer Krone auf dem Kopf feststeckte.

Ihr Bruder Theo schenkte ihr ein kleines Plastikperlenarmband, und der Onkel bot ihr einen Kaugummi an, den sie, wenn auch zögernd, schließlich einsteckte, aber später heimlich wegwarf.

Neuerungen

Als habe July eine Tür geöffnet, traten jetzt viele Veränderungen ein.

Thomas bekam endlich die Zustimmung vom Vater, den elterlichen Betrieb verlassen zu dürfen. Er wollte eine Lehre als Schornsteinfeger anfangen. „Gut, du bekommst deine Chance!", versprach sein Vater.
„Mensch Papa, ich habe schon ein Stelle in Aussicht!", sagte er. Vater Gruber hatte seine Beziehungen und half erfolgreich nach.
„Da kannst du jetzt als *schwarzer Mann*, der Glück bringt, über den Dächern thronen und ich, armes Schwein, muss weiter im Dreck unter den Autos liegen!", meinte Theo neidvoll.
„Einer muss ja Vaters Betrieb später übernehmen, und wenn nicht ich, dann eben du Schlaffi!" Gut gelaunt boxte Thomas seinen Bruder einige Male in die Seite, um ihn aufzuheitern.

Einige Tage später kam ein anderer Stein ins Rollen.
Als July von der Schule kam, hörte sie aus der Werkstatt zorniges Geschrei. Der Vater und der Onkel hatten eine laute Auseinandersetzung, an der sich auch die Mutter beteiligte. Neugierig geworden, schlich sie sich in den Hof und lauschte unter dem offenen Fenster.
Offenbar war der Onkel durch einen Zufall von einem Kunden beobachtet worden, als er sich an der Ladenkasse zu schaffen machte und mehrere Geldscheine herausnahm, die er hastig in seine Hosentasche steckte. Der Kunde wusste aus eigener Erfahrung, wie falsch und verlogen dieser Mann sein konnte und hatte seine Beobachtung Julys Mutter mitgeteilt.
Vater Gruber hatte den Onkel gleich zur Rede gestellt, der aber zuerst hartnäckig alles leugnete. „Fragt doch mal euren *sauberen* Sohn, den Thomas!", versuchte er sich herauszu-

winden. „Der Hallodri hat doch schon einiges auf dem Kerbholz!"
„Für meinen Buben, lege ich die Hand ins Feuer. Der stiehlt nicht, auch wenn er manchmal zu sehr den Mädchen nachguckt!", rief die Mutter aufgebracht.
Aufgeregt blies July auf ihrem geheimen Beobachtungsposten durch die Nase und horchte weiter. Sehen konnte sie nichts.
„Ein guter Detektiv muss mutig sein und alles sehen können", überlegte sie dann und holte sich einen Eimer, der in der Ecke stand. Als sie ihn umgedreht hatte und darauf stieg, konnte sie sogar in die Werkstatt blicken.
Gerade packte Julys Vater den Onkel an den Schultern und stieß ihn so kräftig nach hinten, dass dieser mit einem Schmerzensschrei auf das Wandregal hinter ihm fiel.
„Du Lump, du Dreckskerl!", rief der Vater. Er war fuchsteufelswild und spuckte heftig auf den Boden. „Meine Gutmütigkeit ist am Ende! Wenn du jetzt nicht gleich und auf der Stelle den Diebstahl gestehst, zeige ich dich bei der Polizei an!"
Schließlich gab der Onkel widerstrebend zu, dass er nicht nur regelmäßig Geld entwendet hatte, sondern auch für den versuchten Einbruch verantwortlich war. Er hatte jemanden beauftragt, nachts einige neu der angeschafften teuren Werkzeuge aus der Werkstatt zu holen und wollte sie *schwarz* verkaufen. Schließlich ginge es den Grubers doch gut und das könnten die doch verschmerzen, fügte er mit weinerlicher Stimme hinzu.
„Nur weil du mein Vetter bist, verständige ich nicht die Polizei", schrie Julys Vater ihn an. „Hast du deswegen den Hund mitgebracht, weil er dich kennt und wolltest du dann das nächste Mal selbst einbrechen?"
Der Onkel war ganz kleinlaut geworden und stotterte unverständliche Worte.
Julys Vater griff sich an die Stirne und holte tief Atem: „Das war 's! Ende! Lass dich hier nie wieder blicken, du Lump!", brach es aus ihm heraus.
„Und dieses Biest von Hund nimmst du mit!", fügte die Mutter erregt hinzu.

Der Onkel wurde fristlos entlassen und kehrte mit seinem Hund in sein Dorf zurück.
July fühlte sich grenzenlos erleichtert. „Das hat Vater gut gemacht!", dachte sie und tanzte singend durch den Hof. Dann läutet sie bei Emma, um ihr und Moritz alles zu erzählen.

Nach einer Woche kam ein neuer junger Mitarbeiter in den Betrieb. „Da haben wir wirklich Glück gehabt," meinte Mutter Gruber schon nach Tagen. „Er ist geschickt, höflich und nett."
„Und er hat die richtige Religion. Oder nicht, Mutter!", witzelte Theo.
Die Mutter zuckte mit den Achseln: „Was weißt du schon !", sagte sie beiläufig und setzte ihren Sohn mit dieser ungewohnten Erwiderung in Verwunderung.
Die erstaunlichste Neuerung aber stellte sich nach einem langen Gespräch bei einem Glas Wein zwischen Julys Eltern und dem Ehepaar West ein.
Inri bekam eine neue Bleibe.
Das große Kreuz mit dem gekreuzigten Jesus, das früher ein wichtiger Teil des Treppenaufgangs gewesen war, wurde entfernt. Man fragte den Pfarrer um Rat und überließ es ihm unentgeltlich. Er wisse ein verarmtes Kloster, die es mit Freuden aufnähmen, sagte er und bedankte sich vielmals.
In der Nische standen jetzt viele Blumentöpfe mit weißen und rosa Alpenveilchen.

Zeit und Musik

Ob sich mit der Entlassung des Onkels und seinem Hund mit einem Male das Klima in Julys Elternhaus verbesserte ober das mit dem Abschied von *Inri* und dem Kreuz, auf dem er angenagelt war, zusammenhing?

Oder ob sonst etwas geschehen war?
Keiner wusste es, und keiner sprach es an oder darüber.
Doch plötzlich hatten alle mehr Zeit, als würden die Uhren einfach anders ticken.
July und oft auch ihre Mutter waren jetzt häufiger Gast bei Nachbarin Emma, zum Kaffeetrinken oder zum Töpfern mit Ton. „Wir verwandeln Erdklumpen in ganz was Neues. Genau so wie du alte kaputte Dinge oder Autos wieder neu machst. Und die Mama braucht doch ihren Kaffee!", sagte July zu ihrem Vater, der neugierig fragte, was sie denn da dauernd im Nachbarhaus zu tun hätten.
Vater Gruber war sehr erstaunt, nicht nur über die Aussage seiner Tochter.
Elsa bereitete inzwischen manche Gerichte auch ohne Unterstützung von Mutter Gruber vor. Auch wenn das Ergebnis nicht an Mutters Kochkunst heranreichte, wie Vater sagte, doch man könne es essen, ergänzten alle.

Mutter setzte sich immer öfter an das neu gestimmte Klavier im Wohnzimmer, probierte die Tonleiter auf und ab, machte Fingerübungen, erst langsam, dann schneller, und spielte dann leichte Sonaten. Allerdings durfte, außer July, keiner in dieser Zeit das Wohnzimmer betreten.
„Ich bin aus der Übung!", entschuldigte sie sich verlegen.
Niemand bemängelte, dass sie nicht mehr so oft in der Werkstatt oder im Laden zu sehen war. „Unsere Mutter muss wieder ganz gesund werden!", waren plötzlich alle einvernehmlich der Meinung.

Zur Mittagszeit wurde das Geschäft eineinhalb Stunden geschlossen. Das war die Idee von Julys Vater gewesen.
„Egal, was die Kunden dazu sagen! Wir probieren das aus, und vielleicht werden es später auch zwei Stunden!", meinte er lakonisch. „Wir sind doch immer, bis in den Abend hinein, für Kunden da und meist auch noch weit nach dem Angelus Läuten."
Dass Julys Vater einen neuen Plan hatte und als Vertragswerkstatt hauptsächlich die neuen Käfer Volkswagen betreuen wollte, hielt er noch geheim.

Eines Abends fasste sich Mutter Gruber ein Herz und spielte in der Familienrunde, nach dem Abendessen, eine Sonate von Bach vor. Alle applaudierten begeistert, und Julys Mutter spielte ein weiteres Stück. Das Fernsehgerät blieb ausgeschaltet.
„Wieso war sie heute nicht am Abend beim Rosenkranz in der Kirche wie sonst?", dachte manch einer erstaunt, aber niemand fragte nach oder machte eine anzügliche Bemerkung.

Mutter übte weiter, nach Bach kamen Mozart und Schumann, dann Chopin.
Die Musik von Chopin machte sich im Hause Gruber unwiderstehlich überall breit.
Selbst Julys Vater lauschte, wenn seine Frau am Klavier 'Chopin' spielte.
„Das mag ich ganz besonders. Wie heißt dieses schöne Lied?", wollte July von ihrer Mutter wissen. „Das ist das *Mondlicht. La Luna* von Chopin", flüsterte die Mutter geheimnisvoll und lächelte.
Wenn July *Chopins Mondlicht* von Mutter vorgespielt bekam, ging sie ins Bett, ohne sich zu sträuben.
Dann konnte es auch vorkommen, dass das Nachtgebet ausfiel, und July bereits schlief, wenn die Mutter etwas später nach ihr schaute.

Vaters häufige Stammtischbesuche ließen nach, und die Eltern sprachen wieder miteinander, ohne dass laute Worte fielen. July sah sie jetzt immer öfter miteinander lachen und hin und wieder tranken sie zusammen am Abend ein Gläschen von Vaters Lieblingsweinen.

Mode und Moseltröpfchen

„Endlich haben Sie wieder schöne rote Wangen, liebe Anna Maria", sagte die Nachbarin Emma West.

Die Familien standen nach der Sonntagsmesse unter der großen Linde zusammen, während Theo und July an Elsas Hand inzwischen den Kirchplatz verlassen hatten.
Diesmal war auch Professor West, der mit seiner Frau die Sonntagsmesse besucht hatte, in der kleinen Runde dabei. Er zog seinen Hut und begrüßte Herrn und Frau Gruber.
Als ihm Frau Gruber die Hand reichte, verbeugte er sich höflich und gab ihr einen angedeuteten Handkuss. „Ein seltener Gast bin ich zwar hier am Ort, aber ich schätze das Schöne aller Welten!", sagte er galant.
Julys Mutter hakte sich bei ihrem Mann ein, der einen ähnlichen flotten Anzug wie Professor West trug und kicherte.
Sie war kaum wiederzuerkennen. „Danke, lieber Her Professor," erwiderte sie.
Dann schaute sie Emma an und sagte: „Wissen Sie, was der Doktor neulich zu mir gesagt hat? Er sagte: 'Liebe Frau Gruber, dann und wann oder öfter mal ein Gläschen Wein mit Ihrem Mann, das ist die beste Medizin für Sie und Ihre Gallensteine'."
Emma West trug eines ihrer selbst genähten Modellkleider und einen modernen Hut mit einer breiten Krempe. Sie schmiegte sich an den Arm ihres Mannes und lächelte spitzbübisch zurück. „Der Doktor wird es wohl wissen!", meinte sie.
Vater Gruber schaute auf seine Frau.
Sie trug ein schickes blaues Kostüm, das Emma West nach der neuesten Mode für sie geschneidert hatte, darunter eine weiße Spitzenbluse und dazu einen neuen passenden Hut.
„Das *Himmlische Moseltröpfchen* ist genau die richtige Medizin für den niedrigen Blutdruck meiner Frau", sagte er dann

gut gelaunt. „Ich hab davon noch einige Fläschchen im Keller! Darf ich Sie demnächst wieder einmal zu einem gemütlichen Dämmerschoppen erwarten?", wandte er sich höflich an das Ehepaar West.

Eine weitere Nachbarin mischte sich in das Gespräch ein.

„Ja, ja, lieber Herr Gruber, da haben Sie wohl recht. Selbst die ehrwürdigen Herren Pfarrer lieben ein gutes Tröpfchen!" Sie nickte eifrig mit dem Kopf und geriet dann ins Flüstern. „Und bei der Messe, nach der Heiligen Wandlung, ist es sogar Pflicht für den Pfarrer, bevor er uns die Kommunion erteilt. Ich frage Sie! Da kann es uns gewöhnlichen Menschen doch auch nicht schaden, oder?"

Gehen und Kommen

Theo kaufte sich von seinem Ersparten mit einem zusätzlichen *Scheinchen* vom Vater eine Gitarre.

Er nahm Gitarrenunterricht, nachdem sein Bruder Thomas als erster damit angefangen hatte. Sie übten jedes Wochenende in der Werkstatt, wo sie niemanden störten. Beide ließen ihre Haare wachsen, kämmten sie mit Haarpomade zu einer Tolle wie ihre großen Rock-Idols und gründeten eine Band. Auftritte hatten sie jede Menge auf den Tanzböden der umliegenden Dörfer. Vor den weiblichen Fans konnten sie sich kaum retten.
Die *Kohle* kam dann auch. Den ersten VW Käfer kauften sie bei ihrem Vater.
Dann nahm auch Elsa, unter Julys Tränen, ihren Abschied.
„Ich bin in anderen Umständen", beichtete sie Mutter Gruber verschämt. „Aber das Aufgebot ist schon bestellt!", fügte sie schnell hinzu.
Der junger Bauer aus dem Nachbardorf, der ihr schon lange schöne Augen gemacht und sie mit seinem neuen Motorroller einige Male zum Tanzen abgeholt hatte, wollte sie heiraten. Und der sei nett, egal in welchem Monat sie sei, er würde sie als seine Frau auf seinem Hof brauchen.
Julys Mutter war zwar etwas verwundert, beschloss aber, auch zum Wohle der Familie, keine weiteren Fragen zu stellen.
Veronika kam mit ihrem Baby Hermann zu Besuch, und auch die Patentante von July war angereist.
„Ein Bub", freute sich Vater Gruber, aber überließ es seiner Frau, das schreiende Baby in den Arm zu nehmen. „Mensch, Mama! Wir sind jetzt Oma und Opa!"
„Ach Papa! Hauptsache, das Kind ist gesund, auch wenn es ein Schreihals ist. Das wird sich schon legen. Du warst ja auch so ein Schreihals!", sagte Mutter Gruber zu ihrer ältesten

Tochter, als diese jammerte, dass sie keine Nacht durchschlafen könne.

Dass sie erneut schwanger war, verheimlichte Veronika erst einmal. Auch, dass sie in ihrer Ehe nicht besonders glücklich war.

Sie hatte Tante Katrin eingeweiht und sie um Rat gefragt.

„Krisen kommen und gehen, das siehst du ja an deinen Eltern!", hatte diese am Ende des Gespräches gesagt. „Achte erst einmal auf dich selbst und sorge dafür, dass es dir gut geht!"

Für ihr Patenkind July hatte Tante Katrin ein besonderes Geschenk mitgebracht, ein hübsches rotes Strickkleidchen, in eigener Handarbeit angefertigt, mit passenden roten Kniestrümpfen dazu.

Letztere wollte July auch im Bett anbehalten, was ihr Mutter untersagte.

Die Eltern, Tante Katrin und Veronika spielten abwechselnd am Abend, zusammen mit July, neue und immer weniger die alten Spiele. In der Gruber-Hitparade, ganz oben, standen: *Mensch ärgere dich nicht, Halma, Mau mau* statt *Fernsehen, Stammtisch, Rosenkranz*.

Eine neues Dienstmädchen, namens Erna, die von den Grubers *der Einfachheit halber* wie ihre Vorgängerin *Elsa* genannt wurde, kam als Haushaltshilfe in die Familie und wurde von Julys Mutter angelernt.

Ein Neuer, ein Junge namens Anton, kam auch in Julys Klasse. Seine rotblonden Haare standen kreuz und quer in alle Richtungen. Er hatte viele Sommersprossen, konnte auf Holzstelzen laufen und im Handstand stehen. Anton war mutig und klug und er beschützte July einige Male vor den Angriffen der Schulkameraden. „Alles dummes, albernes Zeug!", meinte er.

Bald waren beide dicke Freunde, und niemand machte sich mehr über July lustig.

In Emmas Werkstatt bearbeitete July weiterhin braune Tonklumpen und formte sie zu allerlei Gefäßen, die Emma in den

Brennofen legte und sie ihr später mit nach Hause gab. Im Elternhaus fanden sie keine Verwendung.
Die Mutter grub sie im Garten ein und streute Samen darauf. Es kämen dann neue Blumen heraus, erklärte sie July.
Vor Indianern unter der Treppe hatte July keine Angst mehr.
Sie schaukelte jetzt wieder öfter in der Scheune, versuchte auf Antons Holzstelzen zu laufen und verlor oft mal das Gleichgewicht. Doch Anton zeigte ihr immer wieder, wie er sein Gleichgewicht hielt, und July übte weiter.
Und sie sang und tanzte durch den Hof.
Fast so wie früher.

Nach einigen Wochen war Julys Bäuchlein verschwunden.
Dagegen war nach einigen Monaten der Bauch von Julys Mutter gewachsen, die ihn diesmal nicht versteckte, sondern offen zugab, dass da noch ein *Nachkömmling* auf dem Wege war.
„Gott hat es wohl so gewollt", sagte sie kokett zu den Nachbarinnen, warf einen Blick zum Himmel und zwinkerte Emma West zu, die gerade in den Laden gekommen war.
„Manche Dinge geschehen halt einfach! Auch die Heilige Anna war im sehr fortgeschrittenen Alter, als sie unsere Gottesmutter Maria gebar."
Der Vater fügte verschmitzt hinzu: „July bekommt noch ein kleines Brüderchen oder Schwesterchen, das hat sie sich doch so gewünscht!"

Julys Ende der Geschichte

Predigten mochte Julia noch immer nicht.

Aber es kamen keine mehr, oder nur sehr selten.
Die Zeit, in der die Mutter ihre wortreichen Ermahnungen und religiösen Belehrungen ausgeübt hatte, war offenbar vorbei.
Vielleicht waren auch keine Predigten nötig.
Oder Julys Mutter hatte jetzt einfach andere Dinge im Kopf, vielleicht bessere oder wichtigere.
Oder welche auch immer, wer wusste das schon …

July spielte und feierte auch keine heiligen Messen mehr mit Brot und Wein vor dem Kachelofen, sondern machte fleißig Fingerübungen auf dem Klavier. Sie bekam jetzt Unterricht von einer jungen Klavierlehrerin und wollte *Pianist* werden – wie Paul Kuhn, der im Fernsehen auf dem Klavier spielte und einen Schlager dazu sang, den auch Papa sang, wenn er zum Wirtshaus ging.
„Geb'n se dem Mann am Klavier noch ein Bier, noch ein Bier, trallala … "
Das neue Brüderchen oder Schwesterchen sollte bald kommen. Die Eltern hatten wie immer viel zu tun, aber sie hatten keinen Streit und lachten oft miteinander.
Das machte July froh.
Wer weiß!
Vielleicht konnte man auch in einem ganz gewöhnlichen Haus ein kleines Königreich haben und eine Prinzessin sein, wenn man zufriedene Eltern hatte …

Epilog

Jahrzehnte später

Julia mit 47 Jahren reflektiert:

Wie viele meiner Freunde nahm ich dann Mitte 40 einige Therapiestunden. Nicht nur, weil es Mode geworden war. Thema: *Loslassen, Vergeben, Aussöhnen, Traumata der Kindheit bewältigen, Selbstwert. Beziehungsunfähigkeit.*
Keine Ahnung. Was ich loslassen oder lösen musste?
Warum war ich oft so traurig und energielos? Zu hart mit mir, zu ernst und auch wütend? Dann wieder verrückt, fröhlich und kreativ?
Und das ewige Auf und Ab in meinen Beziehungen. Und jetzt wieder eine Trennung? Ich fragte mich immer wieder: Wovor laufe ich davon?
Oder lebe ich die Beziehungen meiner Eltern und der Familie in verschiedenen Konstellationen weiter und ziehe genau dazu mir die entsprechenden Partner an?
Konnte es eine Therapie klären?

Als junge Frau wünschte mir oft, dass der Onkel, die Tante oder auch mein Vater, meine Mutter und meine Geschwister so richtig eindeutig grässliche Bösewichte gewesen wären, so richtige widerwärtige Typen. So wie die bösen Gestalten in den Märchen, die dann ihre Strafe bekamen. Doch niemand wurde bestraft – zumindest nicht aus meiner Sicht und in diesem Leben.
Höchstens ich würde das leider bei mir selbst tun, sagte dann einmal einer meiner Therapeuten. Darüber dachte ich lange nach.
Auch über Schuld, Sühne und meine katholische Vergangenheit. Es gab Täter und Opfer. Es gab Schweigen und Heimlichkeiten, Zweideutigkeit und Doppelbödigkeit

Alles ein seltsames Spiel im scheinheiligen vieldeutigen Raum.
Die Mitspieler, die alle, die hatten auch viele liebenswerte Züge, gab ich dann zu.
Dieses Spiel fand nicht nur in meinem Elternhaus, sondern in der gesamten Gesellschaft statt.
Und wir machen alle dieses *Maskentheater* mit, um zu gewinnen, zu überleben oder auch nur, weil wir es gewohnt sind, Masken zu tragen und Angst haben so zu sein wie wir sind.

Julia mit 51 Jahren will es wissen

Dann legte ich los! Mit meinem Theater.

Ein Jahr absolvierte ich einen Grundkurs – mit Fortsetzung, bei dem es um Verzeihen und Vergebung ging.
Huna Hawai Meditationen und buddhistische Gruppenmeditationen als *Dienst an der Welt* waren für mich wichtig.
Doch ich fand keinen Frieden in mir und auch nicht mein *Inneres Kind*. Wo immer das sich versteckte.
Weitere Kurse und Intensivseminare folgten in vielen Jahren.

Aura- und Engelsehen in Franken, Pendeln und Wasseradern suchen, Schamanische Rituale mit Krafttieren und Schwitzhüttenzeremonien am Bodensee und in Peru, Arbeit mit Kristallschädeln, Lichtkörperarbeit und Reiki-Einweihungen, Urschrei-Therapie im Mutterbauch, Reinkarnationstherapie und Suche nach dem Inneren Kind an der Nordsee, Drehbuchschreiben und Suche nach dem eigenen Potenzial, Reinigen mit der violetten Flamme in Freiburg, Öffnen des Dritten Auges und mediales Schreiben in der Schweiz, Runenlesen und Tarotarbeit im Schwarzwald, Kräuterwanderungen und Aquabalancing auf der Insel Lesbos, Parasailing und Bauchtanz in der Türkei, Reiten auf Eseln in Petra/Jordanien, Auradiagnose am Chiemsee ...

Julia mit 60+ Jahren kommt zur Ruhe und relativiert

Alle diese Menschen in meinem Leben – und besonders die in meiner Kindheit, all die Angehörigen, Nachbarn, Freunde, Bekannten – waren sie:
Banditen, Bösewichte, Bedauernswerte, Helden, Heldinnen, Fromme, Verkorkste, Missbrauchte, Könige, Unheilige, Scheinheilige, Heilige, Perverse, Schafköpfe, Blinde, Schwerenöter, Idioten, Kranke, Nazis, Mitläufer, Machthaber, Trinker, Gläubige, Schlachter, Schwarzmarkthändler, Prinzen, Prinzessinnen, Dörfler, Sünder, Schamvolle, Soldaten, Schweigsame, Einsame, Naturverbundene, Amputierte, Kriegsrückkehrer. Kriegswitwen, Traumatisierte, Verlierer, Verlorene, Verlauste, Widerständler, Schwerstarbeiter, Aufbauer, Alchemisten, Abenteurer ... ?

Oder einfach Vorfahren, mit denen alle Nachfahren verbunden sind?
Wahrscheinlich hatten sie von allem etwas.

Und wir – multiple Wesen und inzwischen *multitasking* – haben wir mehr Klarheit als sie damals, ohne den Hintergrund moderner Informationstechnologie? Werden wir heute im 21. Jahrhundert nicht noch genauso und noch mehr manipuliert wie damals im 20. Jahrhundert und noch weiter zurück? Haben wir noch die Erdverbundenheit und Intuition wie unsere naturverbundenen Vorfahren?

Die von damals: Was hatten sie nicht?

Sie hatten keine Hilfen und keine Pillen für alles Mögliche und Unmögliche ...
Da waren kein / keine: Nahrungsergänzungsmittel, Wellnesshotels, Botox, Personaltrainer, Sportstudios, Androiden, Tabletts, Hacker, PC Viren, Treppenlifte, ICE Trassen, Aktienbörsen, Darmspiegelungen, Mammografien, Hüftoperationen, Therapien für Burnout und Singlefrustings, Dschungelcamps, Dokusoaps, Shopping Queens, Sitcoms, Supervisionen, Harry Potter–Filme, Talentshows, Talkshows, Traumreisen, Pilates, Klangmassagen, Chi Gong, Paybacks, DVD, Diätpläne, Slow food, Sterneköche, Rauchmelder, E-books, Apps, RTL, Chat, Twitter, Flashmobs, Weekend mit schamanischen Schwitzhütten, Pegidas, Prepaidkarten, Navigatoren, Außerirdische, Einkaufswägen, Supermärkte, Feinkost, Sushi, Bioprodukte, Erdbeeren im Winter ... und Kiwis und Diäten und XXL ...

Waren sie deshalb ärmer und sind wir deshalb reicher?

Es wäre schön wie im Märchen gewesen, wenn ich alles in einen Topf hätte tun können, alles sich dann sich selbst kräftig herum mischen täte, und dann würde eine *schöne neue Welt* entstehen können oder ein Königreich wie es sich July gewünscht hatte oder ich es mir damals, als *68er Blumenkind.*

July an Julia

Bitte Julia, du bist mal wieder so doof und so streng. Warum hältst du mir immer wieder Predigten.
Halt mich mal ganz fest, damit ich dich fragen kann:
Wann springen und tanzen und singen wir wieder einmal zusammen? Lass doch mal los ...
Ich bin immer da, deine July.

Julia an July

Sorry, manchmal vergesse ich mich und dich. Danke, meine Süße, dass du mich erinnerst und mit deiner Fröhlichkeit in mir lebst.

Fazit:

Na, so bin und bleib ich halt die Julia / July – mal Prinzessin und mal Zigeunerin, mal Täter mal Opfer, mal traurig, mal verrückt, mal frech, mal schüchtern, mal faul und mal kreativ. Aber immer noch die eine *Einzigartige*.

An meiner Eingangstür steht innen geschrieben:

> *Das Leben ist ein Abenteuer,*
>
> *es wartet darauf,*
>
> *erobert*
>
> *und mit allen Stimmungen*
>
> *gelebt zu werden,*
>
> *egal in welchen Alter.*

Ende und eine Fortsetzung

Mein Vater starb, als ich 14 Jahre alt war.
Meine Mutter dagegen erreichte trotz vieler Schicksalsschläge ein hohes Alter, aber sie heiratete nicht mehr. In ihren letzten Lebensjahren wurde sie von meiner Schwester betreut.
Nach Mutters Tod fand ich Briefe von meinem Vater an sie in einer Schatulle, die ganz hinten in ihrem Wohnzimmerschrank versteckt war.
Erst viele Jahre später nahm ich mir die Zeit, sie zu lesen.

In jeder Familie gibt es Geheimnisse. Manchmal sind sie schützend, manchmal unterstützend, aber auch manchmal destruktiv – besonders, wenn sie über Generationen hinweg zu Kämpfen im Familienverbund führen, wobei keiner begreift, warum sie geführt werden.

Kann einem trotzdem etwas schaden, was man nicht weiß?
Wollte etwas ans Licht kommen?
Warum waren meine älteren Brüder und auch ihre eigenen Kinder miteinander nach dem Tod meiner Mutter wegen Erbstreitigkeiten seit vielen Jahren verfeindet? Warum hatte mein jüngster Bruder Drogen genommen und sich das Leben genommen?

Diese Fragen stellten sich mir.

Der hier im Kapitel *Rückblick* erwähnte Brief vom 6. Januar 1931 barg ein Geheimnis.
Ein weiterer Brief deckte es auf und ließ eine genauere Vermutung zu, auf Grund derer ich eine systemische Familienstellung bei einem erfahrenen und vertrauenswürdigen Therapeuten machen ließ, damit die Rangordnung oder Position meiner Geschwister bzw. der Kinder meiner Mutter und meines Vater sich neu ordnen konnte.

Es ging mir nicht darum jemand anzuklagen, zu verurteilen oder neue Feindschaften zu säen.
Ich wollte dieses *Schweigen und Verschweigen* aufdecken und mich mit meiner Familie innerlich aussöhnen, um meine kreative und konstruktive Kraft auszuleben.

Schon lange vorher hatte ich ein *dunkles* Geheimnis meiner Großmutter mütterlicherseits entdeckt. Ich hätte sie gerne kennengelernt, aber sie starb sehr jung und ließ meine Mutter und ihre Geschwister als Halbwaisen zurück.

Die Aufstellung zeigte, dass meiner Mutter sieben Kinder zugeordnet wurden und meinem Vater sechs. Wer immer der Erzeuger dieses einen Kindes war – ob es ein *Kuckuckskind* war, zu welchem Zeitpunkt es gezeugt wurde und was mit ihm geschah – meine Mutter musste mit diesem Wissen leben und sie nahm dieses Geheimnis mit ins Grab.

Und so soll es auch ihr und mein Geheimnis bleiben.

Wir brauchen uns nicht weiter vor Auseinandersetzungen,
Konflikten und Problemen mit uns selbst und anderen fürchten,
denn sogar Sterne knallen manchmal aufeinander
und es entstehen neue Welten.
Heute weiß ich,
DAS IST DAS LEBEN!

Charles Chaplin

Ich danke allen, die mich mit Wort und Tat unterstützten